文芸社セレクション

学校の裏庭

北 山人

KITA Sanjin

文芸社

目　次

はじめに

「なんじゃ、これ」

朝ごはんを食べようとして、朝日新聞の朝刊を広げた時、思わず声に出た。衝撃的な見出しである。最大級の活字で、

「教員志願　止まらぬ減少」

とあり、続いて「本社全国調査　来年度志願者数倍率最低」とある。長時間労働など教育界のブラック企業化が言われていることは、知っていた。しかし、新聞の一面トップ記事になり、これ程とはと、正直これからの教育界、我が国の将来を思うと、背筋に冷たいものが、感じられた。教育界に人生を捧げてきた者としては、心底そう思ったのである。できれば、教職を選ぼうと思っている若い人達にエールを送る意味で、俺の教師人生を語ってみたい。

「教師は教師という人間でなければならない」という教訓的な理想像を言うわけではない。教師もまた、感情も持ち、屁もひる、極めて当たり前の人間なのだ。俺もその一人であり、教師とはかくあるべしという、型にはまった教訓的・没個性的人間では

ない。建前としての教師論は偉い先生方に任せて、俺は本音で、俺個人の過ぎ去りし教師人生を語ってみたい。手本となるような教師ではない俺を。

俺は、教師という職業を深い考えで選択したわけではない。「でもしか」ではないが、なりゆきでそうなったとしか言えないことである。しかし、なりゆきで選んだとしても、それは幸せな選択だったと言える。なってみてそう感じた。

「教育は人なり」という。教師という仕事は、様々な人との出会いの連続であるが、その出会いの人生が、意識なく幸せであった時代だ。教え子達との出会い、保護者との出会い、仲間との出会い、先輩方との出会い、そして、尊敬する上司との出会い。それらの出会いが、全て幸せで、いつの間にか夢中で過ごせた時代だ。自分が教師に適した人間だと、勝手に思い込んでいられた時代だ。だから、教師人生が幸せと感じることもなく、無意識に幸せな日々を過ごしていたのだ。我が教師人生の中で、最も輝き、美しかった時代だ。

まあ、前置きはこれくらいにして、俺の教師人生を聞いて頂こう。ただ、エピソードがあり過ぎ、それを取捨選択してお話しするが、あっち跳びこっち跳びで、かなりついてくるのがしんどいような話になるかも知れない。忘れてしまったこともあるし、突然思い出したような話もある。どうか我慢して、俺の人生を、ざっとでいいから傾聴して頂きたい。

ただ、自分のことを「俺」といって、「私」と言わないのは、お許し頂きたい。気取った「私」では、本音で自分のことを話せなくなるからだ。

序章　教師人生の終わりに

「きれいな星空やなあ」

改札を出て夜空を見た時、思わず声が出た。真夜中の漆黒の闇の空に星達が、まるで金粒を撒いたかのように美しく、明るく瞬いて見えている。星空がこんなにきれいだと思って見たことは、初めてだ。そう言えば、星なんか見る余裕もなかったなあと、思った。本当に、いろんな星座が、無言の音楽を奏でるように巡っている。そう、ずっと昔に読んだ、宮澤賢治の童話の世界にあったように。

平成も、成人式を迎えようとする年だった。そう、定年退職の年の三月三十一日、午後十一時四十八分、郊外電車の駅に降り立った。我が家まで歩いて約十二分、深夜の住宅街の暗い夜道を、緩やかな坂に抗うように、歩を進めた。早春の夜風が心地よい。ＰＴＡ役員、実行委員の方々と共に、年度末の打ち上げをした後である。最終の勤務校での校長としての最後の仕事が、共に杯を交わすことであり、カラオケで放歌高吟することであった。

特別な思いでか、下戸のくせについ調子に乗って杯を重ね、少し酔ったかな、そんな思いで、我が家の明かりの見える所まで来た。遠くで車の走る音が聞こえる。本当に静かな夜だ。静かに消え去っていくわが身には、相応しい夜だ。

今のところ、勤務校の警備員からの電話はない。携帯電話も、静かなものだ。これで、長かった教師稼業も、静かに終われそうだ。本当に何もないことが、信じられない。何かあることを期待しているような、何とも因果な仕事だ。いや、性格なのかな。

そういえば、自分の教師人生の出発からして、決して平穏でなかったことが、思い出された。その時同時に、「事実は小説より奇なり」という言葉が唐突に浮かんだ。「私の秘密」というテレビ番組が、若い頃にあったが、その中で、司会のアナウンサー、確か高橋圭三だった思うが、番組のオープニングで言い放っていた言葉である。まさしくそのとおりで、足掛け三十八年間の間に、あった、あった、あった。あんなことこんなこと、本当に一杯あった。我が家まで、あと数分の足取りの中で、三十八年間の思い出のアルバムが開かれた。過ぎ去った日々のメモリーが、あれこれと走馬灯のように頭の中を駆け巡った。そして、我が家についた。ほとんど同時に、日が変わった。俺の長い教師人生が、終わった。さあ、自由だ。実感はまだなかったが。

玄関で妻が待っていてくれて、

「おめでとう。お疲れ様」

と、にこやかに言って迎えてくれた。ダイニングで、ささやかな夜半の二人だけの乾杯。長い昨日までの宮仕えの人生が終わり、新しい今日からの始まりだ。どんな人生が始まるのか、まるでわからなかった。ただ、ほっと安堵の気持ちになっていたことは、確かである。

それにしても、なんとも不思議な感じである。確かに、過重な責任からは自由になれた。しかし、何か物足りない、まったく頼りないような感触が、意識を支配していた。お役御免の切なさなのか。喩えて言えば、たくさんの乗客をのせた長大な編成の列車の機関車が、突然その列車編成から切り離され、過重な任務から解き放たれた、そんな感じであった。背中に羽が生えて、どこへでも自由に飛んでいける、そんな思いもした。ああ、素晴らしい開放感。そして同時に、一抹の寂しさ。だれもが味わうことなのだろうか。

その夜は、明日の予定はとか、あの事案はといったことは考えなくてもよく、代わりに、遠い過去となった新任の頃を思い出しながら、静かに床に入った。

第一章　牧歌的で幸せだった駆け出しの時代

地元の教育大学を卒業して教職の道に入ったのは、目前に大阪万国博覧会、通称万博を控え、東京オリンピックに次ぐビッグイベントを前に、大阪の景気が沸騰しかけていた時だった。青春まっただ中の、満二十二歳。若かった。現役バリバリのニューフェイスが、希望に胸膨らませて、辞令交付会場へと歩を進めた。

辞令交付の会場は、我が母校であった。この地域では最も古く、伝統と格式のある学校と言われた高校である。会場は、その高校の文化祭や卒業式などの儀式の時に使う、古色蒼然とした講堂であった。つい四年前の、高校卒業式場と同じであった。かつての卒業式場は、荘重たる雰囲気そのままの辞令交付式の会場となっていた。講堂は、本当に重厚で、旧制中学校時代からある建物であった。それも含めて、我が定年退職の十年ほど前、創立百年を機に建て直された。だから今は、心の中にのみ、残っている。

辞令交付式のあの時、ある種の感慨にふけって式辞を聞いていると、古い大きなシャンデリアが、その最中に、かなり揺れた。

揺れが収まると、

「君たちの晴れの門出を祝して、地球が体を揺すっているのだ」

と、その時祝辞を述べていた府教育委員会の幹部の方が、とっさにそう言われた。地震があったのだ。俺の頭の真上にあった重そうなシャンデリアの一つが、天井から落ちてこないか、ひやりとしていた。

それから二十年近く、府の指導主事にお目にかかることはなかった。まさかその十八年後に、その府教委の指導主事とやらになり、足掛け十三年間も府教委のお世話になることなど、そのときは思いもよらないことであった。

辞令交付式の最中に、高校時代、ひそかに心を寄せていた女の子がいることに気がついた。その女の子は丸顔の童顔で、黒ぶちのメガネをかけた、おせじにも美人とは言えなかったかもしれない。しかし、なぜか胸が高鳴った。それこそ、相性が合っていたのか、何か心が癒される思いがしていた。やはり、若かったのだ。高校時代からずっと、その子が、本当にいとおしく思っていた。漠然とその女の子との結婚と、一緒に暮らしていることを夢想していた。これが、初恋なのだろうか。四年間のブランクがあったはずなのに、甘酸っぱい思いが、心に甦った。

式後、なぜかその女の子が近づいてきた。にっこりとして、

「北さんやね。久しぶりやわ。私、中学校の国語の教師になったんよ。お互いがんば

りましょうね」

と、言った。何か堅い返事を返したことを覚えている。どきどきと心臓が高鳴っていた。でも、それ以上何も言えなかった。それっきり彼女と会う機会はなかった。数多男のいる中で、俺のことを、名前まで覚えていてくれて、その上に、わざわざ声をかけてくれたのに、なぜもっと気の利いた返事の仕方をしなかったのか、後で悔やんだことを覚えている。そういえば、いつもそうだった。果敢に決断も出来ず、決意を以て何かをやれず、あとで悔やむことばかりだったというのは、俺の人生に付きまとっていたように思う。ま、それもええかあ。そうとしかいえない人生だった。

話が飛ぶが、何年かしてからの同窓会の後、気の合った男だけの二次会で仲間と飲んだ時、高校時代の恋人の話に花咲いた。皆はマドンナだった高山さんのことを話していたが、俺はつい、福田さんのことを話してしまった。誰も驚いていたが、高校で習った「デアリイズ　ノーアカウンティング　フオーテイスト」（たで食う虫も好きずき）で終わった。

さて、辞令交付式を終えて、校門の前に来た時、懐かしい「ライオン」に会った。もちろん、ニックネームである。

「おう、北やないか。今日は新しい教師の辞令交付式があると聞いとったんやが、君も教師になったんか。佐藤も中学の体育教師になったと、さっき会った時、言うとったわ。まあ、がんばれや」

高校時代、体育の教官であった渡辺先生であった。本名よりも、あだなのライオンが有名で、当時大阪の難波橋のたもとに鎮座していたライオンの像に似ていたからだと、先輩に聞かされていた。そう言えば、日本史で習った、ライオン宰相と言われた浜口雄幸首相とも似ているなあと、思えた。しかし、大声で唸りながら生徒を追い立て、怖い顔で指導していたからかもしれない。そうすると、生徒はシマウマの群か、せいぜいキリンの群だったのかもしれない。しかし、この「ライオン」はじめ「鬼瓦」、「闊歩」、「現場」、「ハンサン」等と、生徒達にニックネームで呼ばれた先生方のおかげで、その後の俺の教師人生があったのだ。この先生方に、厳しく指導されたお陰で、文武両道の学力をつけていただけたのである。高校で、「小人閑居して、不善を為す」という「大学」の文章を彷彿させるような厳しい指導をして頂いたことが、その後、ずっと我が身を助けることとなった。であるから、感謝の気持ちを忘れることは、なかった。第一、卒業して四年もたつのに、何十人もいる教え子の一人にすぎない個人名を覚えているとは、とてもまねできないことである。

高校入学当時、俺など、高鉄棒で逆上がりができず、ぶら下がったままだったので、初めての体育の授業で、このライオンに「肉屋の看板」と言われた。「なにくそ」という気概になり、毎日手の豆ができ、それがつぶれるまで練習して、やっとできたとき、とても感激し、すごく自信ができたことがある。「なせば、なる」それが、座右の銘となり、その後の俺の教師人生を支え、励ましてくれた。

もちろん、児童の指導方針ともなった。そのように児童を発奮させ、根性を養われたのだろう。おかげで、教師になってからは、小学生に跳び箱や鉄棒、あるいは短距離走、長距離走、ハードル、水泳、ボール運動などを教える際、全ての体育競技の指導は、手本を率先してできるようになり、子ども達の尊敬と信頼を集めることができた。厳しい指導をしても説得力があったし、子ども達は、必死になってついてきてくれた。

「なせばなる。なさねばならぬ、何事も。なさぬはおのれのなさぬなりけり」

それが俺の教育方針だったが、これは、「もってのほか」なるニックネームで呼ばれていた、ライオンと同じく体育の教官だった奥野先生の受け売りである。口先だけで子どもを動かそうとしても、子どもはついてこないことが、教師になった時に、よくわかった。率先垂範こそ、教師の姿勢だと思った。それを教えてくださったのは、高校時代の体育の先生方である。教師としては、素晴らしい財産を受け継がせて頂いたわけである。もっとも、体力的に率先垂範出来なくなっていた時は、俺は大阪府教育委員会の指導主事になっていたから、思えば、良きタイミングで引き揚げたものである。

そう言えば、何十年か後、府教委の指導主事になって最初の年に、つまらん失敗をして、府立のある養護学校へ報告とお詫びをしに行った時、母校の名を出して、「卒業生の北君やないか。なつかしいな。うん、府教委が間違えたらあかん。私も府教委にいたからな。そう、私がまちがえたということにしたらええやろ」

そうおっしゃられた。俺ならできたやろうかと、思った。

思うに、良き子どもは、良き親でなければ育たないのと同じく、良き教師は、良き教師により育てられるのだ。自分が良い教師であったかどうかは自信を持っては言えないが、少なくとも俺は、悪い教師ではなかったことだけは言える。それは、厳しいけれども、優れた指導をしてくださった、良き先生方の薫陶を受けられたからである。

今にして思えば、厳しさのない、単なる優しさだけの教育は、子どもを真に成長させない。真の優しさは、甘さではない。「鬼手仏心」という。教育愛より生じる優しさを根底に持っての厳しい指導にこそ、子どもの成長があるのだ。

ともすれば、後輩の失敗をかばい通すような先輩が喜ばれる傾向にあるが、厳しく指導し、叱責する先輩こそ、後輩の成長のために必要な教育をしているのだ。それが分かったのは、ずっと後のことであった。本当のことは、成長してからわかることである。そうなると、閉ざされた教師だけの狭い社会は、へたをすると、ぬるま湯の温泉になるのだと、不遜にも思っていた。

体育だけではない。勉強の面でも、母校の高校名を出すと、保護者の信頼を得ることができ、子ども達へも権威を示すことができた。もちろん、保護者がぶしつけに出身校を聞くのは、よほど親しくなってからであろうが、尋ねられて答えを拒否する理由はない。当時は、教師に向かって出身校を聞くのは、決して憚ることではない気風であった。今なら、個人情報とか、プライバシー云々で、とんがってしまう虞がある。

ただ、俺の場合は、地元のいわゆる名門校を出たことが、その後の教師人生で、本当に助けとなった。名実併せ持つという。名に恥じない実力を持ってこそ、プロである。その、名実を共に実質的に付与してくださったのが、習った先生方の厳しい指導であったと、後にわかるようになった。

中学校の先生でも、温かい心で厳しい指導をしてくださる方があった。高校の体育の授業で、どうしても跳び箱の台上転回ができなかった時、土曜日の午後に母校の中学校を訪ねていったことがある。たまたま居残っていた若い体育の教師が、

「そんなもん、まあ、やってみいや」

と言って、体育倉庫の前で、さっさと跳び箱を出させ、説明しながら練習させてくれて、結果できるようになったことがある。ほんとうに、熱心な教師のいる学校にいて助かったというのが、正直な感想である。素晴らしい教師に出会えてこそ、子どもは幸せなのである。人生の厳しさを、共に味わいながら教え育てる教師こそが、真の

教師なのである。「偉そうにまあ」という輩もいるだろうが、俺の場合は、心底そう思っているから、問題はないだろう。

人生は出会いである。よい教師に出会う縁のあるなしということが、人生の幸せと不幸を分かつようである。人生、どんな人間に出会うか、よい縁をもつかどうかが、岐路である。とんでもない親や教師に出会ったら、とんでもない人生になろう。孟母三遷の教えではないが、教育環境としての良い教師に出会わせるために、親は一肌も二肌も脱ぐべきであろう。

いい学校とは、いい教師の揃っている学校のことである。それだけに、住んでいるところで行く学校が決められている公立小・中学校の学区制度は、理不尽といえば理不尽であろう。今にして思えば、学校選択制は、いやらしい差別と偏見の問題さえクリアーすれば、子どもが主人公の学校になる可能性大なるものがある。「教育は人なり」というが、教師の人間としての資質が、生徒の人間性を成長させるのである。そのような素晴らしい教師群のおかげで、俺は教師として良き人生を送らせてもらったといっても、過言ではない。少し講釈が長すぎた。急いで話を本筋へもどさないと、日が暮れる。いや、今の俺にとっては、日はとっくに暮れたのだが。

辞令交付式の翌日から、高野山で大阪府教委主催による新任教員宿泊研修があり、その後、赴任校へ着任することになっていた。ところが、祖母が急逝するというハプニングがあり、一日で帰宅するという事態になって、通夜や告別式であわただしく過ぎ、気がつくと、着任式の前日になっていた。

着任の日、校長室に座っていると、他の着任者も入ってきた。やがて、えらいおばあちゃんが入ってきた。事務の仕事をしていた教員で、名門の女子師範学校を卒業したという方だが、どうみても教員には見えなかった。この方と次の年度に同じ学年を持つことになったのであるから、人間関係というのはわからない。この方から、「北先生、あなたの給料は二等級六号棒で、二万九千五百十六円ですよ。しっかり覚えておいてくださいね」

と、申し渡された。これ以後の昇給や給料の額は、履歴書を見れば分かるが、すっかり忘れてしまった。ただ、半世紀以上経った今でも、この初任給の額だけは、しっかりと覚えている。

着任の時に、横に学生服を着た若い男がいた。高校出たての、十八歳の事務職員だという。今までは、教員が片手間に給料や出張費の事務をしていたということだが、初めて事務職員が置かれたとのことであった。鈴上安登武という、本当に変わった名で、名前と同様、何かユニークで個性的な、悪く言えば、ちょっと変わった奴やなあという印象であった。

縁とはわからないもので、うまがあったのか、その後、今日に至るまでの約四十年以上、自分とはまったくといっていいほど違うその男と、ワレ（河内弁で君のこと）、オレの仲で付き合ってきた親友となった。ともかく、かけがえのない人生の朋友が出来たのである。

鈴上は、ともかく、びっくりするような友人であった。夢多き少年が、そのまま成人したような、明朗快活な青年であった。しかも、四十年以上経った今も、その青雲の志を失わない少年のようなロマンと直情性を失っていない、稀有な人間である。豪放で磊落、しかも正義心、俠気、熱意のある男で、極めて自己主張も強く、個性的な男であった。まるで、昭和の坂本龍馬のようなやっちゃと、勝手に思った。後には、この男の助けで、いろいろなトラブルを回避できたのであるから、人生というものは、分からない。

まあ、人生の山川を、たとえ離れていても、深い交わりを続けてこられたのは、その朋友の人柄に魅せられ、惹かれたからであろう。何よりも義理人情に厚い、人を魅了する男であった。これからの人生も、どちらかが墓に入っても、いや、たとえ二人ともあの世とやらへいっても、まあ、一緒に語り合いたいような人間である。縁の深さ、不思議さを感じる。こんな素敵な奴と出会えたことは、本当に幸運としかいえなかったであろう。もっとも、相性が良かったのか、周波数が一致したのか、二人とも、違う意味で変わり者だったからかもしれない。

ところで、俺が新任教員として初めて赴任した学校は、我が市の西北隅にあり、我が市の北海道といわれた、いわゆる周辺校と呼ばれるところであった。赴任希望者がほとんどなく、新任が赴任させられる学校とのことである。この市で生まれ育った俺でさえ初めて知った学校で、名前すら知らなかった。少なくとも、田舎の学校という意識しかなかった。

始業式の日、朝礼で全校児童に紹介された。どう挨拶したか、すっかり忘れた。

さて、新任の先生が担任になると、何かおもしろいいたずらでこっぴどいような歓迎をすることが、昔からある。俺もそんな歓迎セレモニーをされた一人である。

もっとも、自分らが中学校時代、新任の担任にしたようなひどいいたずらではなかった。俺達がやったことと言えば、例えば、教室の入り口の戸の上に黒板消しをそっと引っ掛け、戸を開けると、チョークの粉の一杯ついた黒板消しが、ポマードの頭にポンと落ちるといったような、そんな手荒い歓迎のセレモニーであった。その時にやって来た新任の男の教師は、職員室へ泣いて帰り、机に突っ伏して泣いていたということである。その後、ニックネームが「たわし」と呼ばれる生徒指導の怖い教師と、「グラマン」と呼ばれる体育の教師がやって来て、学級の男子全員を正座させて厳しく叱ったことがある。もちろん、何人かの首謀者は、こっぴどく叩かれたことは、言うまでもない。

俺の場合、着任したのが小学校だったので、そんなひどい歓迎の仕方をされることは、さすがになかった。初めて教室に入った時、子ども達を見渡すと、なぜかみんなにやにや笑っている。初めての出会いという緊張感が、まるで感じられない。

「どないしたんや、こいつら」

と思いつつ、我が名を書こうとして黒板を見て驚いた。墓の絵が描いてあり、墓碑に「でこのはか」とある。気づかなかったが、教卓の陰でお経のような声を発している男の子がいた。目のくりくりした、頭の毛が少しウエーブのかかった、でこの広い男の子で、キューピーに似ていた。

俺は、「でこのはか」の隣に十字架を描き、

「キューピーこれを書く」

と、書いた。くだんの悪がきが、頭をかきながら出てきた。なんともかわいい子で憎めない。しかし、一応教師として叱らねばならない。けじめである。安田君というやんちゃ坊主である。

「こりゃ、ちびキューピー、もうちょっと気の利いた迎え方をせえ。ん……絵は上手やな。せやけど、黒板は勉強する大切な道具や。今後の落書はゆるさんぞ。わかったな」

と、くぎを刺しておいた。もっとも、俺のしたこともいけない落書だったが、子ど

も達は、えらい神妙な顔になった。こうして、着任の儀式は終わった。初めての教え子のあの子達は、今、六十歳をとうに過ぎている。ただ一人を除いて。

この子達を受け持った次の日に、初めて「学級便り」を出した。蝋《ろう》原紙に鉄筆で書いた学級新聞で、学級の様子などを親に知らせる、担任からの広報誌のようなものである。以来退職するまで、ずっと書き通した。ところが、その、初めての「学級便り」を出したその時、その「学級便り」の名前が浮かばない。

第二号を出す前に、子ども達にどんな名前がいいか聞いてみた。くだんのちびキューピーが、開口一番、

「先生、それやったら、『かがやき』がええのんちゃうか」

と、のたまわった。

「ああ、ええ名前やな。ほんじゃ、まあ、それにしようか」

ということで、「かがやき」という題字が決まった。その名は保護者や先生方にも評判が良かった。あとでその名の由来を聞いて驚いた。名付け親のちびキューピーによれば、担任のでこが広くて、光り輝いていたからだそうである。

「うまいことつけよるなあ」

感心も得心もした。ついでに、安田君はじめ子ども達は、なにかを始めようとする時、「ほんじゃ、まあ」というようになった。

「大変だ。担任は、言語環境にも留意せんとあかんのになあ」

そう思ったが、すでに遅かった。

この子ども達は、本当におもしろい。いろいろ憎めないことをやってくれた。それがまあ、かわいくて仕方がなかったのだが。例えば、俺が新任研修で出張中のこと、代わりに石津という四十代の女の先生が補欠に入ってくださった時のことである。

生真面目で堅い、昔気質の教員であり、きちんとしない子は叱り、罰をきっちりと与え、静粛な学級状態を理想と考えている人であった。我がクラスの子ども達は、あろうことか、その、謹厳実直なる先生様に奉る歌を作って、翌日、俺に向かって披露してくれたのだ。こんな歌だ。

「きれいな女の子は、む・す・めー。うちの照子はぶ・す・めえ」

照子とは、石津先生の名前である。そうして、鬱憤晴らしをしたのである。

こんなエピソードを書き続けていたら、とても多くなるので、後一つだけ、「雨の日の満員電車」という替え歌についてのエピソードだけを紹介したい。これは、「どじょっこだの、ふなっこだの」と歌われる、東北弁の童謡の替え歌である。この替え歌を、職員朝礼の時に我がクラスの子ども達が、ちびキューピーにのせられ、自発学習として、大合唱をやったのである。伴奏は、真面目でおとなしい綾子ちゃんだった。

職員朝礼というのは、朝の始業前に、全教職員が集まって行なう打ち合わせである。

色々な連絡事項がそこで伝えられ、一斉の挨拶も行なわれるのである。一種、厳粛な趣のある時間帯である。その間、どの学年の学級も、子ども達は、担任教師に課題を与えられて、教室で自習をしたり、自発的学習活動をしたりしていた。要は、事故や事件さえなければ、建前は、ある程度子どもの自主性を大切にし、本音で言えば、子ども達が自由を享受できる時間帯でもあった。

不審者による学校内での殺人がおこり、学校内の安全の問題が深刻化した今日では、子ども達だけ教室に置いておくなど、気になって仕方がないであろう。一時は職員朝礼がなくなる学校もあったが、学校に警備員が配置されてからは、復活している学校も多いと聞く。

当時、我が学級では、子ども達の自主性を育てるために、職員朝礼時、クラス全員で表現活動を行なわせるようにしていた。子ども達は、毎日そっと元歌で練習をして、その成果を隣の学級で、パフォーマンスに及んだわけである。それも、オリジナルな替え歌で、声高らかに第九よろしく大々的に、朗々たる合唱でやってくれたのである。

さて、ちなみにその元歌は、次のとおりである。

「春になれば、しがこ（氷）もとけて、どじょっこだのふなっこだの、夜が明けたと思うべな」

それを次のように替え歌に創作し、職員朝礼の時に、隣の学級で、発表会をしたのである。

「雨が降っている、朝の八時頃、満員電車が、のろのろ　ごとごと、お客はいらいら

むしむし、突然起こる変な音　『ブー』」

当時の足踏みオルガンの低音部のある音を、おならそっくりの音にして鳴らすのだ。

そして、そこで発せられる次のような台詞。もちろん、考え出したのは、あのキュー

ピー君だ。

「うわあ、殺生やなあ。どないしよう。どないも動かれへんがな。にげられへんわあ。

うわあ、くっさあー」

そして、二番目の歌詞が続いて歌われる。

「電車は走る、窓は開けられない、むんむんむしむし臭いがこもる、鼻ももげそなそ

の臭い。くっさあー」（以下略）

当時、校区を走っていた電車は、本当にローカルだった。旧省線といわれた時代の

古い車体を寄せ集めて使っていた。床は油引きの古い板張りで、車内の真ん中辺りに、

鉄の握り棒があった。遠足に行く時、あわてて乗った子は、その棒にぶつかって、べ

そをかくこともあった。当然、エアコンもなく、雨の日は、窓が開けられなかった。

このぼろ電車にぴったりの雰囲気の歌だった。子ども達の生活観察眼は、確かだった。

ほめてやりたいほどだ。ただ、困ったことは、職員朝礼時の自主演奏会であったとい

うことだった。

静寂の中で、校長先生が、衆議院議員の選挙目前と言うことで、教育公務員としての服務規律厳守通達の説明をされている時だった。

当時、組合（教員団体）が、公務員はスト権をはく奪されたと声高に主張する時代であった。五十五年体制まっただ中の時代、保守対革新対立の緊張した時代背景もあり、スト権行使の違法性を規定する通達説明は、特に緊張感が漂う時間帯であった。その時に、キューピー君主導の演奏会を自主的にやってくれたのだ。その全員合唱の声の明るくて大きなこと。校長が厳しい通達説明をしている、緊張感の漂う職員朝礼中にもかかわらず、先生方は、大爆笑だった。

「あちゃー、やってくれよったなあ。あいつら。うーん」

と、下を向いて耐えていた。

職員朝礼後、担任の俺は、校長に呼ばれた。

「北先生、あれはなんなんや」

と、校長。

「はい、私が行くまで朝は、一時間目の授業のウォーミングアップや準備、表現活動としての演奏会などをさせています」

と、俺。

「それで、今日の一時間目は、音楽かいな」

「はい、そうです。担任がいない時は、係の児童がおさらいをするのですが、自分達で自発的な活動をすることもあります」

「今日は、その自発的な活動の日かいな」

教室へ帰ってから、子ども達にどう指導したか、今もって思い出せない。しかし、このことが、後に市の合同音楽発表大会という、大それた場に引きずり出される伏線になろうとは、神ならぬ身、予想もできなかった。

ついでに話せば、当時、国鉄の貨物線が校区の端を通っていて、蒸気機関車が走っていた。客車を引いている時もあったので、列車が通る時は、傍に行かないという決まりを決めていた。当時の列車の便所は、排泄物を撒き散らしながら走る構造になっていたからである。赴任したての教員や、転校したての子どもの中には、その被害に遭った者もいた。当時の列車に乗った者であれば、走る列車の便器から、後ろへ流れ去る枕木や線路が見えていたことを思い出すに違いない。

さて、小学校はもともと女性が多い。当時は、児童急増期にかかっており、教員採用数が多かった。青年男子は、理数系の民間会社を希望することが多く、教員希望の男子が少なく、女子が採用されることが、多かった。女子にとっては、男女平等の数少ない職場の一つであったこともあろう。しかし、学校運営の主要な部分は、なぜか男子教員が多かった。校長や教頭といった管理職は、全員男であった。

ともかく、若い独身の男子が少ないので、俺のような朴念仁でも、ちやほやされた。暗闇では、ろうそくの光でも輝くような明るさに見えるからであろうか。何しろ、学校という職場は、狭い社会で、多忙な仕事柄、学校外の社会での男女交際は、なかなかその機会がなかったのである。まして、同じ職場での恋愛沙汰は、御法度であった。うるさいお局様（女性の年配教員の別称）が、多数見張っていた時代である。若い者にとっては、窮屈な職場であった。もっとも俺は、何ら窮屈と思ったことはない。男性教師には、うるさくなかった時代でもあった。

ところで、話は少し戻るが、着任の日、帰宅すると、父が聞いた。

「どや、どんな学校や」

子どもらの話、校長や先生方の話をしていた。学年主任の話になると、父が

「おい、ひょっとして、その先生は、八島次郎先生と言わへんか」

「うん、そうや」

すると、父が母に向かって、

「おい、萬華堂まだあいてる（店が営業している）やろ。すぐに寿饅頭の箱入りこうて（買って）きてくれ」

そう母に言いつけて、めったに着たことのない背広に着替えた。

「おまえも早く着替えんかい」

父に連れられて、出身中学校の横を通って、十五分ほど歩いた。着いたところは、八島先生の家だ。なぜ父が、八島先生の家を知っているのか、わからなかった。家に上げてもらって驚いた。父が、八島先生の前に正座して、

「先生、ご無沙汰しております。この度は、息子がお世話になることになりました。どうぞ、よろしくご指導をお願いします。今日びの若いもんは、じきにほげたをあきよる（抗弁する）ようですが、わしの息子がそんなことしよったら、このわしがどついていうことをきかしますよってに。ほんまに、よろしゅうお願いします」

なんや、この口上は。えらい縁やなあ。世の中、狭いわと思った。

八島先生は、父の小学校時代の恩師であった。戦前の話だ。小学校を出てすぐに奉公に出た父は、小学校時代からかなりやんちゃで、どうもいろんな手間を恩師である八島先生にかけたようで、八島先生には、今に至るまで、ずっと頭があがらなかったようである。こんなこともあるのは、郷里で教師になったからであろう。このような縁は、不思議にその後もついて回った。その度に、郷里の恩師や先輩、後輩や同期生に助けられることが多かった。幸運なのかどうか。ま、地元の強さであろうか。何にしても、その後は八島先生にはいろいろと教師としての心構えや教育技術、学級運営など、教師として必要なスキルを、丁寧に教えて頂いた。

新任教師の生活は楽しかった。毎日、教えたり子ども達と遊んだりした。子ども達も、休憩時間には遊んでもらえるから、授業時間は神妙で、勉強に打ち込んでくれた。けじめをつけなければ、学力はつかないと、最初の参観日に、保護者によく説明しておいたこともきいているようであった。なにしろ、親の言うことは、いわば絶対の時代である。親も、教師を信頼してくれていて、教師の言うことには、十分協力してくれた時代である。俺の主義として、授業の邪魔をする者は、他の子の賢くなるのを邪魔するのであるから、他の子の将来をつぶすような人権蹂躙である。絶対に許されない。「静かに寝てろ」の世界であった。そのかわり、放課後、こってりと勉強させ、わかるまでしごいた。それができる、本当にゆとりのある時代だった。今は、教師が忙しすぎて、そんな余裕はないとのことである。

学校の役割を、飛躍的に重くしたといわれる生徒指導など、意識の端にもなかった。必要なかったからである。モンスターペアレントと呼ばれる理不尽な要求をごり押しするために担任や学校に怒鳴り込む親もいなかった。いちゃもん言いの親が多く、いじめや学級崩壊、不登校等生徒指導上の問題が多発する今なら、考えられないであろう。

なんと言っても、今の学校は、非常に多忙になったことは、確かである。特に、ごく一部の児童の家庭の教育の不備が原因のことで、忙しすぎる。少数のあほな子や親の撒き散らす枝葉末節の雑事に、教師も校長も追い掛け回されている感じがする。学校現場が右往左往させられている教育改革とやらも、いったいだれのための改革なのだろうか。よく言われる「ゆとり」が要るのは、学校、教師、特に校長であろう。子どもにゆとりは要らない。基礎基本の学力をつけるには、押し付け、追いまわし、ゆとりも何もないくらいの禁欲生活をさせるべきであると信じてやまない。「小人閑居して、不善を為す」と、中国の古典にあるとおりである。「よく学び、よく遊べ」という修身科の教えは、今も間違いはないと信じている。いいことに古いも新しいもないだろうと思うのである。

新任の頃は、授業は上手とはいえなかっただろう。たぶん若かったし、授業の技術も未熟であったからである。しかし、情熱的にしゃべり、子どもらも一生懸命聞いていた。今思えば、実にいい時代だった。もっとも、時間が余れば、子どもの興味をひく面白い話をしたので、子ども達は、それを楽しみにがんばっていたのかもしれない。子ども達の顔を見ていて、子どもらが勉強で疲れたことが、読み取れたのである。今は、そんな余裕もないほど教科の進度が速いという。俗に新幹線授業と呼ばれる、ゆとりも何もない、緊張に次ぐ緊張で、これでは子どもも教師も、追いまわされているだけである。

今の時代、新幹線授業の緊張状態についていけずに脱落した子らは、荒れて教師を困らせるか、いじめに走り、犠牲者を出すか、不登校に陥らざるを得ないのが現状だ。そう思うと、実にいい時代に教師生活を送れたものである。ありがたかった。それから思うと、今の教師達はかわいそうだというのが、俺の正直な感想である。俺の新任時代に話を戻そう。

ある日の授業の後、あのちびキューピーが、なにやら画用紙の裏に絵を描いてもってきた。教室の風景である。黒板を背に、頭から湯気を立ててしゃべっている男の絵が描いてある。雨粒のように口から水滴が飛んでいる。その絵の下の方に、情けない顔をして座っている子ども達が描かれている。その中の一人が、こちらを見ながら、眼をパッチリと開け、傘をさしている。よく見ているなあと、感心させられた。

家庭訪問が近づいていた頃、校区を歩いていると、向こうから、上品できれいな女の人が、歩いてくる。こちらをじっと見ている。どきどきした。目が合った。

「初めまして。北先生でしょうか。辻田正則の母親でございます」

「なんでわかったんやろ」

と、訝しげに思った。そういえば、辻田君の雰囲気に良く似た方や。そうすると、辻田君は、俺の癖や雰囲気に影響されて、俺に似たのかなあ。それで、わかったんやなあ。ああ、こわ（怖い）。俺に良く似たミニ北が、在籍数だけいるんやなあ。担任は、病原菌を撒き散らす存在かい。

その後、家庭訪問に行けば、

「子どもが、先生のこと大好きですわ」

とか、

「子どもが、えらいお気に入りですわ」

とか言われると、お追従半分といえども、嬉しくて子ども達をかわいく思い、せっせと一緒に遊んだ。要は、子どもと近い年齢で、まだまだガキ大将の延長だったのかもしれない。何よりも若かったし、体力は余っているし、毎日誰かの代わりに宿直をしていたので、時間はたくさんあった。それで、夜の間に採点などの事務をこなせたのである。

給食のこと

　何よりも、のんびりした時代であった。給料も安い時代ではあったが、学校以外の生活の場が皆無に等しいので、金を使うという機会がなかったこともある。小学校は、昼は給食があるので、食費にいる金も、本当に安かった。自分が小学校時代に食べていた給食に比べ、うんとうまかった。おかずは、肉が多く入っていたし、ミルクも牛乳瓶に入ったもので、ことのほかうまい。小のおかずは、甘いものが入っていて、甘い物が大好きであった俺にとって、もう、これもうまいとしか言いようがなかった。

　この学校は、自校方式と言い、給食室のある学校なので、給食の調理員さんが、出汁など自分で試食してみて、その日の状況に応じて味付けをしていたし、その、味付けをする主任の調理員さんの舌が、ことのほか優れていたようである。だから、うまかったのだと、合点がいった。

　もっとも、自分達が小学校時代食べてきた給食は、本当に貧しい時代のものだったから、それに比べると、どんなものでもうまかったのである。食材が、段違いに良くなったのである。

子ども達の中には、肉が嫌いとかいう子もいたが、

「好き嫌いはあかんで。ま、急に言っても仕方ないか。今日だけ、特別に先生が我慢して食べてあげるさかい、次からは、ちょっとでもいいから、きっと食べるんやで」

と言って、子どもの食器からすくって食べてあげるのだが、要は、自分が好きで食べたいだけのことである。大食いの上、おかずがうまかったからである。そんな面倒くさいことを、何回もしていたことになっていた。だから、個々の子どもに応じた、偏食矯正の指導が、根気よく続けられていることになっていたようである。何よりも、子どもの食器から、さらのスプーンで嫌いなものを分けとったことが、子どもへの愛情の現れと思われたようで、その子が、家で母親に給食時のことを言ったらしく、

「優しい先生で、本当にありがたいと思っています」

と、母親がお礼を言いに来られた。他の親達も、

「優しい先生で、子ども達は大好きだと言っています」

と、噂し合っているそうである。食欲旺盛で、何でも食べるいやしさが、えらく役に立ったものである。親達の噂が高じるのは、隣の学級の担任がええとこのお嬢さんとかで、上品で、小食であることに比べてのことのようでもある。そんな噂は、すぐに伝わる。学校という所は、狭い社会である。

ある日、件の隣の学級担任が、休暇を取った。体が弱いのか、よく休むというレッ

テルを貼られていた。それはいい。休んだ日の給食時、廊下で女の子が泣いている声がした。出てみると、色が白くてかわいい、上品な顔をした女の子が泣いている。柔らかくウエーブした、少し茶色の入った黒髪、少女雑誌にあるような短い髪形で、先が少しカーブしている。まるで竹久夢二の絵に描かれたようなロマン漂う風情で、その美少女の儚い雰囲気が、たまらなく素敵に思えた。要は俺も男だから、きれいな女の子が好きなだけだったのだ。

その学級は、よく休む先生の不在時に、先生の代理を司る気の強い女の子がいた。小食で、肉が食べられないという件の女の子に対する罰として、

「ほんなら、食べやんとき」

と、なったとのことである。その上、教室の外へ放り出したのである。先生の代理を頼まれたからと言って、なんぼなんでもやりすぎちゃうかという思いが、ふつふつとわき起こってきた。俺は、担任の代理をするその女の子に、

「あんたのやってることは、やり過ぎなんとちゃうか。誰にでも、どうしても食べられないものかてあるやろ。これからは、先生がおられないときは、この子は、給食の時間だけ、うちのクラスの子にするから。あんたの先生の代わりをするだけや。ええやろ。廊下に出していて、どっかへいってしもうたら、えらいこっちゃしな。どないすんねんや、ええ。そうでなくてもこんな可愛い子やから、さらわれたら、えらいこ

とやがな。あんた、責任とれんのんか。もっとも、あんたにはわからへんわなあ。あんたなんか、絶対にさらわれる心配なんかあらへんからなあ」

とほざいて、放り出されていた子を我が学級に連れて帰ることにした。この子は、うちの組にいてほしい子だ。奇麗な子は、多ければ多いほどいい。純粋にそう思っていた。

反対に、この子を放り出した子には、特別な悪感情を持ってしまっていた。

「この豆狸《まめだ》め、ど根性悪い顔したどぶすめめ」

と、放り出していた子を睨みつけていた。

汗をかいたら、麦茶色した汗をだらだら掻くのとちがうかと思うほど色は黒いし、顔も不細工。豆狸（まめだ―子だぬき）がくしゃみしたような顔さらしてからに。目もきついから、極めて下品に見られる。しかし、この豆狸の子は、教師に替わって義務を忠実に果たしていただけである。思えば、全て俺の先入偏見であるし、差別感情以外の何物でもない。今になって思うと、申し訳ない気がする。

教室に帰ると、すぐにその子の近所の子らが、自分の班に招き入れ、一緒に食べてくれた。連れられてきたその子も、嬉しそうに、笑顔を見せていた。ああ、いい顔だ。やはり美人はいい。塵芥の流れる臭いどぶ川よりも、山の渓流の景色の方が、ずっといいぞと思っていた。見た目で子どもを扱ういやらしさかな。もっとも、俺のしたことが適切であったのかどうか、疑問のあるところだ。担任の知るところとなれば、ややこしいだろうと思ったが、担任の代理をしていた豆狸さんは、担任には報告しなかったようであるし、他の子も気にしているようなふしはなかった。子どもは、大人が考えるほど気は使わないものだと合点した。これで一件落着。

ところで、なぜ俺が、廊下に放り出された子をほおっておけなかったのかということには、俺個人の経験がある。それは、俺も小学校三年生の時担任に叱られ、廊下に放り出された経験があるからだ。担任に廊下に出されると、たまらなくさびしく、辛くなり、いたたまれないような気持ちになり、その場を逃避したくなるのである。逃げ出したからといって、あとどうしようというわけでもなく、ただただ、その場にいられない心理状態になるのである。それで、とんずらして（逃げ出して）しまったのである。要は、消えてしまいたいという気持ちが高じるわけだ。そんな気持ちは、放り出された者にしか分からない。

夕暮れ時、腹が減ってきて、しょぼくれて家に帰ると、担任や教頭が家に来ていて、大変なことになっていたのである。なぜ逃げ出したのかと問い詰められても、説明のしようがない。それから後は、教師の方も俺を廊下へ放り出すことは、なくなった。怖がられた問題児になったのかもしれない。その経験が、教師になってから、廊下に放り出された子に感情移入してしまったのかもしれない。

その日の放課後、件の美少女の父親が来校した。和菓子作りの店を経営しているとのことで、俺の心遣いがうれしいと、えらくお礼を言い、できたての大福餅や最中を箱一杯くれた。一旦は固辞したが、重ねて勧められると、元来甘いものには目がないので、お気持ちを害されないようにとの名目で、ありがたく頂き、その後、主任に報告し、休んでいる教師を除く学年の先生方と一緒に食べたのである。主任には、教室を追い出された女子児童についてのその日の対処を報告しておいたが、むしろ労ってくれたほどである。ただし、美少女云々の我が思いは、一切言わなかった。そりゃそうだろう。

宿直のこと

俺が新任の時は、しばらく宿直があった。宿直と言うのは、戦前に各学校にあった御真影（天皇・皇后の写真）を、夜間お守りするということが、そもそもの出発であったと聞く。夜には子どもはいないから、教師が学校に泊まるべき理由はないはずである。なのに、戦争が終わって、御真影もなくなったのに、なぜ、教師が夜間に学校に泊まらねばならないのかと、思った。子どもと一緒におってこその教師であり、子どもがいない時の教師は、充電だけすればいいと思うのである。鉄道等と違うねんぞとも思う。もっとも俺にすれば、そんなに悪いことではなかったが。

宿直すると、手当がつく。一回あたりは少しだが、それが何回も積もると、かなりの額になる。所帯持ちの教師が多く、独身の男は、俺だけであったから、よく頼まれて、代わりに宿直をしたものである。先にのべたように、仕事柄金を使うこともないので、知らないうちにいつの間にか金は、面白いように貯まっていった。

一回だけ失敗をした。遠い所へ新任研修に行かなければならない日に、宿直の代わりを頼まれて、ついうっかりと引き受けてしまったこともある。大慌てで帰校した時、

厳しい教頭先生が残っておられて、

「北先生、どういうことですか」

と、大目玉を食らった。もっとも、やむを得ない事情の先生の頼みを聞いて替わったと申告して、ま、許しては頂いたが。

宿直の晩は、よく近所の風呂屋（銭湯）に行った。風呂であばれるやんちゃ坊主たちを、「こら」の大音声で叱り飛ばし、裸で洗い場に座らせ、説教をした。風呂は声がよく響く。そのあとは、裸の付き合い。輪になって座り、背中の流しあいをした。その時に、悪がきたちに面白い話をしてやったら、げらげら笑って聞き、その後も、楽しそうに風呂に浸かっていた。子どもの喜びそうな話には不自由しないので、こちらも結構楽しみながら、どの学年の子どもとも付き合えた。まあ歳も近かったし、やはり、子どもと合う性分だったのかも知れない。そう思うと、自分は教師の適格者と、勝手に思えるのである。教師としての自覚となれば、何とも言えないが。

風呂屋のおばちゃんが、

「先生、おおきに（ありがとう）。先生、ただ（無料）にするよって、毎日うちに入りにきとくなはれ」

と、言った。

他の先生の代わりに宿直をしていて、あまり毎日毎晩帰宅もしないで学校に泊まりこんでいるので、母が弟に仕事用の軽トラックに乗せてもらい、洗濯物をとりに来て、洗い立ての衣服と共に、うまいものを置いていくことが、よくあった。

しばらくして、夜間に警備員が配置されるようになってからは、宿直はなくなったが、時折休みの日も学校に出ていた。日曜日は、子どもと近くの公園などへ遊びに行き、個別に話も聞いてあげることが出来た。家から学校まで歩いても、四十五分しかかからなかった。自転車なら、二十分もかからなかった。子どもと話するのが、愉しかったのかもしれない。

毎週水曜日は給食がなかったので、自転車で十分ほどの繁華街の大きな駅前通りへでかけ、サービスランチのとんかつ定食を食べて帰校した。その、繁華街の大きな駅前通りというのは、我が家と学校のほぼ中間にあり、母校の中学校からでも、徒歩十五分くらいのところで、子どもの頃からのテリトリーであった。外食などできる機会のないその頃は、昼飯にとんかつ定食を食べることは、ほとんど唯一できるぜいたくであった。なにしろ、そのとんかつ定食が、百四十円だったからである。そんな昼食をした時は、八島先生から、

「ぜいたくやで」

と、ちょっぴり苦言を呈された。

「食べるものは、滋養があればええんや」

というのが、先生の信条だった。しかし、これだけは聞けなかった。うまいものを食って、体と心にええことをするというのが我が信条で、医食同源による食膳の健康が、合理的だと考えていたからである。安くてうまくて、しかも体に良いということが、食べ物に求められる三条件である。それで元気にやりがいをもてれば、子ども達にとっていいことは、言うまでもない。そう理屈づけて、うまいものを食べるという楽しみは、そのまま続けた。

八島先生と羽田先生・ベテランと先輩

食べものの話は、まあいい。八島先生は、古き良き時代の師範学校出身の、謹厳実直の典型のような先生だった。この方が学年主任であったことが、その後の我が教師人生のあり方に、大きく影響したことは、確かだった。

昼食といえば、ついでに夕食の話をしたい。外食といえば、子どもの頃からの望みがかなったことも、幸せなことであった。今、どこかの回転寿司チェーンの会社が、「好きな寿司を腹一杯」をキャッチコピーにしているが、いつの時代も、寿司を腹一杯食べたいというのは、子どもの願いのようである。自分自身寿司が大好きで、子どものの頃から、一度でいいから腹いっぱい寿司を食べてみたいと思っていたから、その夢がかない、退勤時、気が向けば、屋台同然の安い寿司屋へ直行した。寿司は別腹というが、寿司を好きなだけ食べても、帰宅すれば、また夕飯も食べられたのである。もっとも、大好きな寿司を食べに何度でも行けるのだと思うと、かえって行く気がしないものである。

一度だけだが、同学年で一年先輩の件の女子教員、羽田さんと一緒に、駅前の仮設店舗の安い寿司屋へ入ったことがある。アベックと間違えられたが、それはいい。

彼女は四国の海辺の出身で、ぴちぴち跳ね回るような生きのいい魚しか食べたことがないという。そこで、先輩として立てて、地元の寿司屋へご案内申し上げたわけである。よくはやっている店は、ネタも新しいからと言って、ともかく、食い倒れの我が故郷大阪の味を体験していただこうという考えでもあったからである。この街は、大阪の場末といわれるところであるが、我が故郷には違いないのであるから。

店の中では、まあ、寿司のロン・パリ。一通りはまちや鰻、マグロや蛸を注文したが、彼女突然、

「さば頂戴」

と、のたまわった。寿司屋の兄ちゃんが、

「きずしでっしゃろ。それとも、ばってらでっか」

と言ったら、

「何いってんのよ。さばといったらさばよ」

と、きかない。板さんの兄ちゃんが気色ばんだ。

「にいちゃん、かんにんしたってやな。その、きずしでええから、握ったてえや。たのむわ」

と、俺は板さんに頼み込んだ。こんな時は、地の言葉が地の者同士には通じやすい。

イントネーションが地の言葉にはある。それが地の者同士には、細かい表現のひだまで伝えてくれる。標準語というのは、言葉の「あわいさ」（間）にあるような微妙な陰影など、細かいところまで思いや意味が伝わらない。ま、気を取り直して、板さんの兄ちゃんが「きずし」を握ってくれた。彼女、それをつまんで食べた。

「やっぱり、さばは、おいしいわあ」

彼女がトイレへ行っているうちに、くだんの板さんに言ってやった。

「彼女、四国の西の海辺で育ったよってにな、さばの生き腐れっちゅうのん知らんねんわ。ま、かんにんしたってやな。あの人の故郷では、湾にいついているさばがいてな、それはつくり（刺身）にして食べられるんやそうや」

学年主任の八島先生もその地方出身なので、八島先生からの受け売りである。

するとの板さん、耳元で次のように親切に忠告してくれた。

「悪いこと言わへんよってな、あんた。唇は薄いし、尻は小さいし、胸なんかあらへんようなあんな女、はよ別れた方がええで。ええかげんにせんと、あんた苦労すんでえ。ほんま、やめとき。あんな女は情も薄いし、気が強いよって、一緒にでもなったら、一生の不覚になんでえ。ほかになんぼでもましな女いるよってにな」

店を出てから、一人苦笑した。

「あの板さん、彼女とできてると思ったんかなあ。いややなあ」

遠い青春時代の話である。

何はともあれ、教師になりたての頃は、妙齢のご婦人方があまたさぶらう職場としての学校よりも、子ども達のいる学級や子ども達であふれる学校という遊び場が好きで、子ども達といることが楽しみだった。十歳そこらの子どもの魅力に魅せられていたのかもしれない。ただし、いわゆるロリータ・コンプレックスのようなものではなかったが。

時折、子どもらの親も、一緒にハイキングに行ったりもした。土曜も日曜もない、子ども達といるのが楽しくて、嬉しくて、それはもう、仕方のない時代だった。今なら、大変なことで、絶対にできないことである。

その頃、自分の方針としてテストは自分で作り、市販のテストは、宿題に出していた。学年で統一した基準で採点や評価はしていなかった。何しろ、相対評価であったからであるし、若い人のやることを自由にさせてくれる時代でもあったからかもしれない。やさしく見守る「大人」の先生が多かったからでもあろう。それぞれが、自分の方針で学級を運営し、他の学級に干渉しない風潮であった。学校組織としての教育力とか、もっといえば、管理された学級指導とかいった概念が希薄な時代でもあったのだ。まさしく「学級王国」の時代であった。それでいて、分からないことや迷った時は、八島先生や年配の先生方に親切に教えて頂けた。本当に幸せな新任教師の時代を送らせていただいたと、今も思っている。初任者研修などというものは、意識にも上らないことであった。

保護者もまた、学校にまかせてくれる良き時代であった。ユニークな保護者も多かった。何よりもまず信頼ありきで、

「先生、子どものこと、よろしうお願いします。言うこと聞かへんかったら、どついて（叩いて）もよろしおまっせ。それでも聞きよらへんかったら、わしがどついてわからせますよって」

という父親もいた。中には、大正生まれで兵隊経験のある人もいた。ある方は、シベリアでの抑留生活が長く、結婚した年齢が高いので、大正生まれで子どもがまだ小学生という父親もいた。父親の中には、戦犯だった人もいた。高年齢まで子どものなかった保護者の中には、特攻隊の生き残りや海兵団の経験者もいた。中には、爆弾を背負って、海岸で敵戦車に突っ込んで自爆する寸前に終戦になり、九死に一生を得たという方もいた。生と死のギリギリの狭間から生還した、その生き様に教えられる方も少なくなかった。その方達に比べれば、何の苦労もなく大人になった俺達は、どんなふうに見えていただろうか。

そういえば、校長や教頭、ベテラン教員は、ほとんど軍隊経験者であった。たとえば、教頭は陸軍主計少尉、一年生の主任は戦車兵で、三年生の主任は特攻隊の生き残

りであった。その方々から見れば、平和な時代に育ち、ぬくぬくと学生生活を送り、それでも「先生」と呼ばれる、大学出たてのほやほやの青二才教員など、本当に吹けば飛ぶような若造に過ぎなかったのだろう。戦争を体験した当時の保護者から見ても、戦争を知らない世代が我が子の先生というのも、何か新鮮に映ったのかもしれない。そういえば、自分達は、終戦後に生を受けた世代なのだ。新生日本の出発点に生を受けた、記念すべき世代なのである。物心ついた頃より、そう言われて育ったのである。

時代は、あの東京オリンピックの後の気分の高揚した時代であった。そして、丁度明治百年と言われた頃である。忘れてしまいたい敗戦の愁嘆な思い出よりも、栄光を思い出し、記念する年にした方が、景気がよかったのかもしれない。何しろ、年寄りの中には、明治時代の黒い軍服を着て、祝賀会に参加した御仁もいた写真が、新聞に載っていた記憶がある。同時に、明治維新から百年とはいっても、一年後に控えた大阪万国博覧会に向けて、大阪がぐんと盛り上がっていた時代でもある。敗戦直後に生まれた子が新任教師となったというよりも、栄光の明治維新百年の輝かしい記念の年に教師となったと言う方が、ずっと景気がいいイメージがあるのだろう。まあ、俺にはどうでもいい話だが。

教育委員会からの視察だあ

ある日、教育委員会から、新採用教員の様子を視察に来るということを教頭から告げられた。教員達は反対した。理由は、本校には、教育委員会から指導主事が来た前例がないということであった。何とも不思議な理由であったが、校長と教頭は、指導主事の招聘で押し切った。

ところが当日、師弟ともども緊張感をただよわせている教室へ、校長と一緒に入ってきた指導主事を見て驚いた。中学校時代に体育を習った山下先生だ。学級全体の男子生徒らが、ものすごく怒られたことは、すでに述べた。あだ名は艦載機。背が低く、小太りでの体型は、戦時中に機銃掃射を浴びせ、人々を恐怖のどん底に叩き込んだ、アメリカ海軍の航空母艦搭載のグラマンＦ６Ｆ戦闘機の機体に似ているからである。グラマンという名は、Ｂ29爆撃機と共に、当時は、まだ記憶に新しい代物であった。

先生は、俺の顔を見てにやっと笑い、すぐにいつもの渋い顔になった。中学校時代、厳しい指導で有名であり、笛でごつんは痛かった。新任教員として山下先生の前に立ったその時の思いは、中学時代と同じだった。違うのは、一緒にいたのが同い年の級友でなく、担任の子ども達ということであった。どんな授業をしたか、覚えていない。しかし、あの日のその後のことは、五十年以上たった今でも、なぜか鮮明に覚えている。

授業を終えて、おっかなびっくりで校長室へ入った。ぴりぴりして席に座った。指導主事先生は、校長の前で渋い表情で授業後の指導助言と講評をしてくださった。中学生の時に習った、そのままの雰囲気であった。申し訳ないが、指導して頂いた内容は覚えていない。スミマセン……。

その後、校長が気を利かせてか、席をはずしてくださった。とたんに、山下先生はにやっと笑って、

「どや、がんばってるか。しんどいやろうけど、体に気をつけて、しっかりやってや。それでな、教室の電灯のガラスカバーのほこり、あれふいときや。うん、そや、君、甘いもん好きやろ。これ食べや」

と言って、出された茶菓子の栗饅頭を食べさせてくれた。教え子が同業になれば、特別な思いがするようである。なぜ俺が、甘いもの好きということを知っておられたのかはわからない。ご本人は糖尿病だったのだろうか。亡くなられた今となっては、永遠の謎だろう。いや、あの世とやらへ行った時、お会いして、後学のため、ぜひお伺いしたいと思っている。

　後年、指導主事一年生の時、公務で訪れた府立学校の教頭が、やはり高校時代のクラブと体育の授業の指導教官であった。そのときは、俺の職務上のミスに気づかれ、それを自分のミスにして助けてくださったのである。

「大阪府教育委員会が間違ってはいかんからな」

　というのが、理由であったが、俺なら、教え子の失敗を代わってやることはできたかどうか。幸い、そのような経験はなかったが、教え子が教師になり、その指導助言に行ったことはある。しかし、私の恩師の先生方ほど人情味のあることはできなかった。いや、機会がなかったのかもしれない。

　やがて、一カ月があっという間にすぎ、ゴールデンウイークの頃の、初めての家庭訪問も大変だった。たいていの教員は、一軒あたり十分にして、その時間内でさっさとまとめるのであるが、俺の場合、五分余裕を持たせたのである。しかし、一軒十五分と決めていても、なかなかうまくいかなかった。どうしても延びてしまう。中には、「たった十五分くらいで、何が話できますねん」と言う父親もいた。子どものために仕事を休んで待っていた方にとっては、物足りない時間だったのだろう。

「それなら、他の方に迷惑をかけられませんので、そちらから先に回らせてください。六時には終わる予定ですので、どうかお待ちになってください」

　と言って、他から先に回った。六時過ぎに再度訪れると、母親が出てきて、

「先生、うれしいわあ。主人も上がってもらえて言うてますの」

遠慮して固持したが、押し切られてしまった。強情な親だ。

上がると、夕餉の膳。

「それは困ります」

「ええでっしゃろ。それとも、うちの飯は食べられへんと言いますのんか」

「そんなことはありません」

「ほな、よろしいやろ」

てな按配で、共に夕餉を囲むはめになった。父親は満足そうだし、子どももうれしそう。なぜか母親がご満悦なのは、意味がわからなかった。他の親への優越感のような表情であった。俺にはわからない、複雑なものがあるのだろう。

父親の教育論を聞かされ、それに自分の教育論を絡ませ、酒のなせるわざか、妙に意気投合した。今では考えられないことである。その夜、どのようにして帰宅したのか、わからなかった。飲酒運転の父親に車で送ってもらったことまでは、覚えている。母が、えらいお愛想を言っていたことも、覚えている。後は、おぼろであった。

夢中で過ごしているうちに夏休みが近くなった。ここで、相対評価の辛さを身にしみて味わった。評価の点数ごとの人数が決まっているのである。いくらがんばっても、序列が変わらない子もいるのである。特に、体育の評価は辛かった。心臓弁膜症の子は、いつも一しかつけられないのである。深夜正座して、その子の通知簿に手を合わせて一をつけた。個人懇談会では、もっと辛い思いをした。その子のお母さんの前で立ち上がり、深深と頭を下げて、

「すみません、こんな点しかつけられませんでした」

と言うのが、精一杯であった。それに対して母親は、こう答えた。

「先生、しゃあないですわ。一年からずっとそうでしたよってに」

もっとも、評価に猛烈に抗議し、待っている人のことも考えず、えんえんと評価を変えるよう、厳しく要求した親がいた。

「うちの子は、ピアノを習い、コンクールでもいい成績をもらっているのです。それなのに、音楽のこの点では、納得できません」

ということであった。それに対して、

「四年生の今は、縦笛と歌唱で採点しています。お宅のお子さんは、歌は歌わないし、リコーダーも吹こうとしません。点のつけようがありません。ですから、次に期待して、三（普通）とつけたのですよ。テスト用紙に答えをかかなかったら、零点でしょう」

と、応じた。頑固さと屁理屈も鍛えられているなあと、自分自身納得しながら答えていた。くだんの親は、ぷんぷんしながら席をけって出て行った。待っていた親達が

口々に、

「先生、頼みますわ。早くしてください。あんな人は、適当に切ってください」

と、口々に抗議した。それもまた、勝手だなあと思った。

翌日、抗議に来た件の母親は、子どもに言い聞かせたところ、テストを受けると言うので、受けさせてやってくださいと頼んできた。どうやら、器楽を習っている自分よりも他の子ども達が上手になっていたので、へんねしを起こしていた（拗ねてしまった）ようである。たいしてうまくもないので、評価は変えなかった。当然である。

さて、夏はプール指導がある。指導は、俺の独壇場であった。声が大きいし、よくとおる。それに体力がある。六十歳を超えた学年主任、五十八歳を超えたベテランの女子教員。すしを一緒に食べに行って、こりごりしたもう一人の若い女子教員は、食も細く、すぐに折れそうな体。指導は、当然自分しかない。

プールサイドにずらっと座っている子ども達の前で、実技を率先垂範。潜水など、どぼんと飛び込んで二十五メートルプールを往復して、子ども達から拍手喝采。うれしがりの「どてっちょう（てっぺん・頂上）」であった。特に、タレントの卵の女子児童がいて、これがまあ、美形。顔も美人だし、成長も早く、体型もすらりとして、およそ子どもとは思えない魅力。水着姿もほれぼれする。

ほかの子どもよりもどうしてもその子を意識してしまい、目がそちらへ行ってしまう。どうも未婚の若い女子教員があまたさぶらうのに、なんら興味を持たなかったのは、その美人のタレントの子がいたからだろうか。十歳くらいの女の子の持つ怪しい魅力なのか。

　その子は、ステージママにつれられて、テレビ局や映画の撮影所に行っていたようで、ほぼ毎日、遅刻や早退。時折新聞の広告欄で、大丸の子ども向け洋服の宣伝に、モデルとして大きな写真が出ていた。その子のいることもあり、夏のプール学習も楽しいものだった。その後、母親が男を作って失踪したらしく、その子も父親に連れられて転校して行った。ひょっとして、母親に似て美人だが、血潮の熱い子だったのかもしれない。その後の成長した人生を見ることができなくて、残念である。

　夏休みに入ると、勉強の遅れている子に補習をした。勉強は午前中。昼には、親から差し入れの無印のチキンラーメンや豚肉。それを校務員室で炊き上げる。飼育小屋の鶏の産んだ卵を入れ、薬味のねぎは、学校の教材園にはえているのをざっと洗って刻んで入れる。口の軽いのが、

「先生、それ、さっき犬がおしっこかけてたで」

と、よけいなことを言う。じろっとにらんで、

「いやなら、食べんでええぞ」

と言って、お椀に分ける。お椀が足りない時もある。その時は、家庭科室へとりに

行くのもじゃまくさい。足りない分は、自分で調達させた。理科室でビーカーを調達した者もいる。それもできない子のために、湯飲みにいれてやった。皆結構うまそうに食べていた。ビーカーで食べていた子は、熱いのでタオルをビーカーに巻いて持って食べていた。ご飯は、別の親がおにぎりを持ってきてくれた。漬物も差し入れだった。別の親が、魚肉のハムやソーセージなどを差し入れてくれた。

地区に塾のほとんどない時代、夏休みのくそ暑い中、かさ高いガキちゃん達に家の中でごろごろされるよりは、学校で預かってくれるのを喜ぶ親が多く、差し入れには事欠かなかった。中には、ビールの差し入れもあったが、これは教頭に差し出した。男子教員達は、殊のほか喜んでくれた。

他のクラスの子も、来るものは拒まずで、一緒に勉強させた。もちろん、ラーメンやおにぎりも一緒に食べさせた。すると、他のクラスの親も差し入れを持ってきてくれた。肉やお菓子、スイカなども差し入れられた。他のクラスの子も一緒に「補習」させたのは、そのクラスの親が、北先生のようにやってほしいと担任に要求でもされたら、うるさいからだ。学校という社会は、同じでなくてはならないものである。違うことをしたら、邪魔されてどこかでつぶされるか、止められるかである。お互い知らない振りして、暗黙の了解のもと、わからんようにやるのが、学校という社会での世渡りでは、大切なことなのである。

例えば、翌年になるが、あるベテラン教師から、テストの採点時、テスト用紙にあれこれコメントを書くのは止めて欲しいとクレームが来たことがある。その学級の保護者が、同じようにしてほしいと要望してきたからだそうである。学級便りもやめてほしいといわれた。やはり、保護者がその教師に、同じことをしてくれと要望したからだそうである。

市教委から、校長が要請を受けて、研究授業をすることになった時も、

「研究授業を引き受けるのは、先生の勝手でしょうが、それが突破口になったら困りますねん。迷惑です。やめてほしいわあ」

と、いやみたっぷりに言われた。あるいは、

「あんたはええでしょうが、断った私の立場はどうなるんですか」

とか、わけのわからない抗議をされたことがある。ずっと後に教頭になった時、だれもしようとしない若い教員向けの、校内での示範研究授業を、校長の依頼ですることにしたときもそうであった。教頭として、上司の命にしたがったわけであるが、他校の先輩教頭から、

「あんたはええやろが、ほかの者にとっては、迷惑なんや。やめてくれ」

と、しつこく抗議を受けたことがあった。この世間には、つまらん連中もいるものだ。常に無視しつづけた。うるさいし、わずらわしいこと、この上なしである。競争

相手のいない公立学校の難点か。否、この学校だけのことか。くそ。

話をもとに返そう。昼飯に続いて、午後はプールの時間。水泳指導など無視して、もっぱら遊び専門。子どもを放り投げて結構楽しんだ。子どもらの笑顔も素敵だった。夏の日に焼けた真っ黒い顔に、真っ白な歯が映えていた。まるで、水にぬれた豆炭にトッピングされた真珠が、光っていたようだった。

夏は、本当に楽しい季節だった。なんせ夏休みだからだ。当時は、本当に自由だった。同じことを、何十年か後、教育委員会から、久しぶりに校長として現場へ出た年にやった。自由遊泳の時間に、子ども達とはしゃいで、プールで子どもを放り投げたところ、担任教師達が、血相を変えて止めたことがある。窮屈になったものだと感じた。校長なのだから、何かあっても俺が責任をとるのに……と時代の変わったことを感じさせられた。

そういえば、新任の頃は、夏休み前には、校内デイキャンプと呼ぶ独自の学級行事ももった。それは、単独ですることも、羽田学級と合同で行なうこともあった。合同のときは、両方の学級の保護者が集まって、飯盒でご飯を炊いたり、大なべでカレーを作ったり、プールでゲーム大会をしたりして、本当に楽しく遊ぶことができた。

ある日、その合同の校内デイキャンプのときに、ややこしい問題が起こった。勝手に運動場に入ってソフトボールをしていた若い連中がいて、そのボールがうちの学級の安田という女の子の子の頭に当たった。うるさいからほっておいたが、そんな事故が起こったので、抗議に行った。ところが、相手の加害者は、盗人猛々しく、

「その目はなんや」

と、すごんだ。

「誰の許可を得て校内に入ったんや。勝手に運動場に入って、子どもに怪我させたんやから、謝るのが先やろ」

と言って、その後、じっとにらんでやったからであろう。その場は、険悪な空気になった。

相手はバットを持っている。こちらは穴掘りに使ったショベルを持っている。周りには親達と子ども達。向こうの校舎から警備員が緊張して見ている。なにかあれば、すぐ、警察を呼ぶつもりなのか。緊張した時間が流れた。男同士の面子のかかったタイマン、ガチンコで一触即発のところへ、羽田先生が割って入った。そして、きちんと相手に話をした。相手は、女の仲裁がよかったのか、しぶしぶ外へ出て行った。子どものけがもたいしたことはなかったので、行事をそのまま続行した。

当てられた子の親は、その後、きちんと落とし前をつけに行き、加害者に謝罪させたと、後日知った。それからは、校内に入ってくる不心得者は、なくなったという。

もっとも、農作業の後、プールへ入って水浴びをして汗を流し、ついでに鍬を洗って

出て行くおじいさんを見て、

「不衛生なのでやめてください」

と、抗議したことがある。学校をなんとこころえとるんやろかと、精神的田舎な校区のおっさん連中に憤りを感じていた。

田舎の学校

当時の校区は、田舎と言えばほんとに田舎だった。近郊農業の蔬菜作りが盛んで、学校の南側は一面の野菜畑で、畑の中のそこここに野井戸があり、そこから水を汲む「はねつるべ」という、「やじろべえ」か遮断機のような井戸水汲み上げ用の器具が、林立していた。さらに、要所に「肥溜め」という、肥料としての人糞を発酵させて肥料化するための貯蔵穴、中身が糞尿の野井戸のようなものがあった。風の向きで、いわゆる「田舎の香水」といわれる臭いが、夏には窓から入ってくる。閉めると暑苦しいので、広い畑の上を吹いてくる涼風を入れる方を優先させていた。あろうことか、この「肥溜め」に落ち込んだ被害者がいたのである。それも、大人がである。

子ども達には、野井戸や用水路、「肥溜め」には気をつけるように、日頃からよく言い聞かせていたので、その被害はなかった。ところが、歓送迎会の後、確か三次会まで流れた男の幹部教職員達（校長や教頭、男性の学年主任ら）と校務員さんも入っていたが、星空の下、夜風に吹かれながら、なぜか学校へ戻ってきたのである。翌日は休みなので、畳敷きの宿直室で、もう一度夜っぴいて明け方まで飲もうと思ったのか、徹夜でマージャンでもしようと思ったのか、今となっては分からないことだが。

その、皆で学校に向かっている時のことである。校長と最年長の一人である三年生の学年主任が、甚だしく酩酊して、畑の中の小道を、肩を組んで、いい調子で歩いていたのである。

畑中の野道は、英語のTの字型に交わっていた。その交点に、問題の「肥溜め」があった。その交点を左に曲がって、まっすぐ行ったところに学校の通用門があった。その、当然曲がるべきところを、なぜかそのまま直進して、あっという間に二人して、「肥溜め」に落ち込んでしまったのである。一緒についていっていた他の教員達は、「あーっ！」というのが精一杯であったという。

幸い、教頭や他の幹部職員らが、すぐそばにいたため、すぐに手を差し伸べて、腰まで浸かってもがく二人を何とか引き上げて、畑の中の野菜洗い場にある野井戸の傍まで連れて行き、「はねつるべ」で水を何杯も汲み上げてぶっかけ、その後学校まで連れ帰り、裸になってもらい、温水器から湯をとってかけ、あるだけの石鹸を使って、皆で洗ってあげたということである。なんせ、当の本人達は、かなり酩酊していたものであるから、世話をした先生方は大変だったそうである。もちろん、みんな、酔いなど吹っ飛んでしまっていたということである。

もちろん、ことがことだけに、当事者らが秘密にしたつもりであったが、学校では、臭いで感づかれ、地域の人には、一部始終を見られていたようである。なにしろ、何も遮るものがない広い蔬菜畑の真ん中あたりで、しかも、夜は非常に静かな所なのである。井戸とはねつるべのある野菜洗い場は、蛍光灯も付いていて、畑の周りの家々からは、丸見えなのである。その騒ぎを聞きつけて、家々の窓から見ていた人もたくさんいたようである。当然、後日、誰しも知るところとなっていた。しかし、だれもそのことを言う者はなかった。まあ、昔はいろいろあって、今では考えられないようなエピソードも、多々あるものだ。似たようなことは、他にもある。

その年の暮れ、忘年会の後、飲みなおそうということになり、管理職と幹部職員らが、教頭の車に乗って、さあ、出発と言う時に、何を間違えたのか、サイドブレーキをはずし、ニュートラルのまま、坂を下り、坂の下に止めてあった車に衝突したのである。不幸中の幸いと言うか、その車は、ＰＴＡ会長の車であったので、

「えらいはでてでんなあ。皆さん、けがはおまへんか」

でちゃらとなった。会長が、うまいことやって、どないかして負担を軽くというか、大して要らないように修理をさせたということである。当事者らは、応分の拠出をして、それでけりがついたという。古きよき時代と言うか、今なら、首がいくつか飛んでいただろう。何せ、飲酒運転そのものだからである。思えば、背筋が寒くなる。

「肥溜め」の件も、車の件も、二次会の後、俺は若い連中同士で別の場所で楽しんで

いて、多少遅れて行ったので、件の当事者としての仲間に入っていなかったので、助かったわけである。履歴書の賞罰欄には載らなかったとしても、心の履歴書には、重い物が澱みついたはずである。

さて、夏休みも、毎日朝から夕べ遅くまで学校にいたので、色々な経験をさせていただいた。家から、自転車に乗れば、わずか二十分程で学校までこられるのであるから、そんなことも、毎日負担を感じずにやれたのだと思う。もっとも、電車やバスに乗るのが楽しみで、通勤手段は電車、バスにしていた。まったく個人の趣味である。

当時、地方出身の教員の中には、終業式のある七月二十日の夜行列車で帰省して、九月一日の始業式の朝到着の夜行列車からそのまま勤務に入る猛者もいた。始業式の日は、昼前までに子ども達は帰るので、そんな離れ業が、できたのである。今では、到底考えられないことであろう。

件の方は、代表出勤とか日番とかいう名目の日直の当番が当たれば、その日は年休をとり、だれかに代わってもらえばよかったのである。何しろ、職場を離れての自己研修の法的規定は、もう、拡大解釈し放題の世界であった。管理職も、あまり文句は言わなかった。教師の自由裁量は、本当に大幅に認められていたのである。俺も毎日出てきていたので、よく代表出勤の代わりをしたものである。代表出勤の者が書く「学校日誌」と称するものは、ほとんど書くこともなかった。今から考えると、本当に想像もつかない程結構な時代だった。要は、牧歌的な風情であったのだ。もっとも、教育委員会に近い学校は、そんなことはなかったのかもしれないが。

俺の新任時代の様子を書いていて思った。今なら、猛烈なバッシングを浴びるだろう。校長時代、教員の不手際で謝罪にいった家で、そこのおばあさんが、言った。

「先生はよろしいなあ。土曜も日曜も休みで、その上に長い夏休みや冬休み、それに春休みがあって。いつ働いたはりますのんや」

とんでもない誤解だ。であるのならば、今の教師にとって、夏休み以外はどうなのか。早朝から深夜まで働いている印象がある。うちの近所の中学校では、夜十時を過ぎても、職員室の電球があかあかと灯っている。子どもが万引きしたといっては教員が走り回り、深夜徘徊で帰宅しなかったら、教員が皆で探し回る。祭りなどの見回りもさせられる。超過勤務なんか当然のようにさせられている。何せ、教員には超過勤務手当もないのだから。今の教員は大変だ。交替勤務のない警官か鉄道員のようなものだろう。余裕もへったくれもない。これでは、本務の授業研究等、スーパーマンならぬ人間に、到底できるものじゃない。学力世界一のフィンランドの教員とえらい違いだ。その上、十年毎に免許更新の長い講習を受けなければならない。受けないと免許が失効する規定が、先日まであった。ついでに言うと、夏休みに何日も続いて休める教員はいない。皆年休を取っているのだ。これでは、万年教員不足なのは、当然のことだろうなあと、思った。話をもとへ戻そう。そう、俺の新任時代の話だ。

俺は、この街が故郷という人間だから、どこへも帰る所がない。でも、毎日子どもと一緒に遊んで、楽しんで給料がもらえるのだから、俺にとっては、教師のお仕事万歳の世界だった。希望してなったわけではなかったが、なってみて、教師はいい仕事だと心底思えた。なにせ、だれも干渉しないし、我が教室の中ではガキ大将よろしく、管理もなくマイペースで好きなようにやりたいことをできたし、しゃべりたいことを自由にしゃべれたからである。

何よりも、我が学級の子ども達のかわいいこと。いつもすがるような目をして頼ってくる（俺が勝手にそう思っているだけなのかもね）。今のように受験塾や私学が盛んでない時代、たいていの家は貧しく、受験産業には縁がなく、勉強も遊びも、ほとんど公立小学校だけが頼りの時代だったからでもある。授業妨害も学級崩壊もなく、いちゃもんをつけにくる親など皆無であった。そんな状況だったから、教祖よろしく、たくさんの子ども達の瞳に囲まれて、冗談《じょうだん》の言い合いを子どもたちとやり、休憩時間には相撲をしたり、サッカーをしたりした。本当に牧歌的ないい時代だった。もっとも、陰ではどう言われていたのかは知らなかった。知らなかったことが、よかったとも言える。対人関係における鈍感さが、先天的に備わっていたのかもしれない。そういえば、今頃、妻や娘に、よく、

「KYやで、お父さん」

と言われることがある。その場の空気の読めない、つまり雰囲気をまるで理解できないということらしい。若い頃も「同じやったんやなあ」と思うことがある。

子ども達の一員で、しかもガキ大将のようなものだったので、職員室や校区の街中の大人達の思惑などを受信するアンテナや周波数がなかったようである。いや、ない方が幸せであったかもしれない。感度の悪いアンテナからすれば、先生方も本当に好意的でおおらかであった。本当に、今で言うなら、「鈍感力」と言えるものであろう。

先ほども触れたが、学校の周囲には畑が広がっていて、冬になれば、運動場から校外へ出て、周囲の畑の中の道を子ども達が、体育の授業でランニングをしていたという、極めて牧歌的な田舎の環境であったからかもしれない。

俺の赴任した学校は、いわゆる周辺校といわれる学校で、転入希望の教員もほとんどなく、教育委員会からも、研究指定校などの要請のターゲットにはなることもなく、研究授業などなかった学校である。しかし、新任教員が入り、校長も教育委員会の指導に従わざるを得なくなってきつつある時代だったのか、社会科で新任研修の研究授業をすることになった。題材は、「北海道の米作り」だった。寒冷地で米作りをしようとした先人の苦労を学習することが主題であった。その中で、「なぜ、暑い地方の作物であった米を、こんな寒い北海道で作ろうとしたのか」という意味の発問をしたことがある。日本人の食生活から、「米が食べたい」という、まだ銀シャリへの熱い思いが大人達の感情に残っていた時代だった。子どもからの答えに、「米が食べたいから」というのを引き出したかったので、補助発問として、「味噌汁でパンは食べられるやろか」ということを加えた。ところが、大竹というやんちゃ坊主が、

「パンで味噌汁食べられるでえ」

と答えた。

「へえ、なんでそういえるんや」

と、つい乗ってしまった。

「給食なあ、パンと味噌汁で食べてるやんか」

「うわ、せやったあ」

まさしくそのとおりだった。指導書にない発想であった。当たり前のことであるが、子どもってすごいなあと思った。

交換授業もやった。五年生では、フナの解剖が、理科の実験であった。若い女の先生は、切ったはったで血を見ることは苦手である。そこで、授業交換でやらせてもらった。教育実習の研究授業で、徹底して研究したからである。

保護者に川魚専門の魚屋がいたので、そこから分けて頂いた。どれも大きく、まるまるとした、見事なフナである。これなら、解剖もしやすいし、心臓の動きもよくわ

かると、注文してくださった教頭の配慮に感謝したものである。

さて、普通、メスや解剖バサミで切ったときに、そのままではフナが暴れるので（そりゃ、痛いわなあ）、おとなしくさせるために、スポイトでエーテルなどの麻酔薬を口から入れるのである。指導書ではそうなっている。ところが、五年の学年主任から、麻酔薬の注入は止めて、他の方法で暴れないようにして欲しいとの要請があった。そこで、大学の教職研修で習ったように、魚の鼻の上を、金槌の反対側の、尖ったように細くなったポンチと呼んでいた部分で叩いて、仮死状態にする方法をとった。この裏技を子ども達に見られると困るので、理科準備室を施錠して、その処理をした。口をパクパクして、目玉をきょろきょろしているのを次から次へと叩きたおすのであるから、まあ、凄惨な虐殺場面になるのだろう。心臓の動いている様子を児童に観察させるというのが、指導の主旨であるから、完全に殺してはならない。それで、延髄だけは活かしておくのである。

さて、初めからちょっとおかしいぞと思いながら準備作業をしていたのであるが、そのフナたちには髭があった。どう考えても鯉である。教頭が、川魚専門商の保護者に、フナではなく鯉を所望したとのことは、後で聞いた。なぜか分からなかったが、今さら返せないので、解剖バサミで髭を切っていった。そして実験が行なわれた。

実験中貧血を起こす女子児童もいたし、様子をのぞきに来た若い女子教員の担任が、血だらけの心臓が蠢く鯉、いやフナを見て気分が悪くなったりしたが、まあ、実験が終了した。この、解剖実験は、その後いつのまにか教材から姿を消したが、残酷だということだろうか。生命の尊重ということもからんでいるのだろうか。

子ども達は、石鹼でしつこく手を洗って、臭いをかぎながら、血生臭い理科室を出て行った。代わって学年主任や校務員が入ってきて、頭と尻尾を切り取り、きれいに洗ったボウルに尾かしらのないフナ、いや髭のない鯉を入れて持ち去った、

「ああ、後片付けをしてくださっているのだな」

と、思っていた。その後、女の先生方が入ってきて、尾と頭をバケツに入れ、学級園へ持っていった。そして、そこに掘った穴へ落とし込んで、墓標のような板を立てていた。ベル（当時チャイムはまだなかった）が鳴って休憩時間になると、その墓標の前に子ども達が集まって、手を合わせていた。

放課後、下校する子ども達を見送ってから、休養室で、この研究授業の反省会をすることになった。休養室は畳敷きであった。職員作業で、男の教員達が、校務員の陣頭指揮のもとで改装したものである。理科室のすぐ横にあった一教室で、他の教室とは、かなり離れていた。横が階段と理科準備室、階段の隣は職員便所。その隣は、廊下をはさんで職員室や校長室、管理の部屋で、子ども達のいる教室からは、かなり離れていた。

学年主任が、飼育小屋に行って、若鶏を一羽つぶしていた。手馴れたものである。教頭が、卵を採ってボウルに入れ、休養室に運んだ。管理作業員が豆腐やいとこんにゃく、葱などをザルに山盛りにして、ガスコンロとともに休養室に運び込んだ。「反省会」の準備が整った。添え物は、鶏のすき焼きと鯉の洗いである。家庭科室で炊き上げたご飯が、女子教員の手で握り飯になり、海苔が巻かれて皿に盛り上げてある。反省会とは、研究授業の事後研修のことをいうが、それはなく、皆で鍋をつつき、教材変じての鯉の洗いをほおばりつつ、議論をした。勤務時間後ということで、ビールも出されて、議論も盛り上がった。酒もウイスキーもある。まあ言えば、ご苦労さん会である。今日では、絶対できない、考えられないことであった。数十年前の、牧歌的な田舎の学校の、古きよき時代の風情がただようような状況であった。

「反省会」が終わると、そそくさと帰る人は帰り、議論を続ける者は、そのままエンドレスで口角泡を飛ばしていた。中には、そのまま寝入ってしまう者もいた。

同じような反省会はその後もあり、そのときは公務員が、大阪市内の方でホルモンなどをしこたま買い込んで、もうもうたる煙を立てて肉等を焼き、ベテラン教員達が、ビール片手に教育論議をぶち上げていた。次の日には、女子教員達から苦情が舞い込んでいたが、だれも、たいして気にもしていない。今日では、到底考えられないことである。本当に幸せな教師生活の出発だった。

校内でのそんな酒食の宴会は、運動会など行事の後でも行われた。その時は職員室で教職員が、となりの家庭科室でＰＴＡの役員さん方や委員さん方が、それぞれ御苦労さん会をやるのであった。初めは、セレモニーから入る。職員室へは、労をねぎらいにＰＴＡの三役（会長、副会長等の幹部役員）が、挨拶に来られる。教職員は全員立って、会長さんの代表挨拶をかしこまるようにして聞く。次は、校長と教頭がＰＴＡの部屋へ行って、かしこまった挨拶をする。その後、ビールや日本酒片手にお互いの部屋を行き来して、さんざめくのである。いわゆる、無礼講というやつだ。

酔いが回ると、詩吟をうなる方、舞う方、演歌を歌う人、いろいろだ。中には、田舎芝居の恰好をして、「利根～のお、利根の川風、よしきりの～……」と歌いながら入ってくるおばさんがいた。副会長だった。みんな笑い転げた。ともかくも、楽しい新任時代だった。もうそんな時代は、二度と来ないだろう。しかし、好事魔多しとか、秋に驚天動地の事件がわが身に起こった。

教え子が殺された

　十月中旬、地域の神社で秋祭りが行なわれた。だんじり（地車）が多数走り、酒の入った大人が采配するので、荒っぽいことこの上なかった。本宮の日は、学校も午後は休みとなる慣例だった。子ども達が地域の行事に参加して、地域の一員であることを自覚する日であるとの趣旨による。それでも、午前中の授業をまだしているのに、学校の前の道に大人だけが引くだんじりが止まり、賑やかなだんじりの囃子をけたたましく鳴らし、子どもらにはやくおいでと誘いかける。子どもらも授業中にもかかわらず、窓から鈴なりになって興奮してはやし立てるので、授業ができなくなる。授業妨害だと言って、抗議する若い女子教員もいたが、どこ吹く風というように、完全に無視されていた。もっとも、地車の綱引きをしたくない子もいて、そんな子は家で遊んだり、神社に出ている屋台（仮設の店）を楽しんだりしていた。中には、自転車で走り回る子もいた。樋川君は、そんな子どもの一人だった。

　その日樋川君は、仲の良い友だち二人と三人で、自転車に乗ってあちこちの町会の地車を見に回っていた。大通りの交差点で、警察官や「緑のおばさん」（当時あった交通専従員）らの指示に従って自転車を降りて、歩いて信号を渡っていた。当然青信号で、横断歩道の上で、しかも手を挙げて渡っていたのである。そこへ、十九歳の少年が運転する乗用車が左折してきて、そのまま歩行者の列に突っ込んだという。カーステレオに夢中になっていて、運転への注意がおろそかになっていたという。他の子はくもの子を散らすように走って難を避けたが、真正面にいた樋川君は、「待ってくれえ」と叫んで手をかざしたが、そのまま接触して倒され、腹の上をまともに轢かれたという。見ていた人も多く、百パーセント運転手が悪かったという。すぐ救急車が駆けつけ、病院へ搬送されたが、「痛い、痛い」と、泣きながら病院で息をひきとったという。

俺は、音楽の研修会に出席していて、その研修中に緊急連絡を受けて、学校へ急遽帰った。門を駆け抜けたところで学年主任に会い、様子を聞いたところ、ただ一言「死んだ……」という返事が返ってきた。目の前が真っ暗になったような思いで、どこをどう急いだのか、病院の霊安室の前についていた。中から母親が出てきた。顔中くしゃくしゃにして、涙で汚れている。

「先生、もうこんなことないようにしてやってください」

という涙声。

霊安室に飛び込んで、変わり果てた教え子と対面した。口を少しあけて、眠るように上向いて横たわっている樋川君。

「先生、この子今まで生きていたんです。手をもってやってください。まだ、ぬくいんです」

母親の悲痛な声。教え子の手をそっと握った。確かにまだ少し温かい。しかし、そのぬくもりが、どんどん冷たくなっていく。

「行くなあ、行くなあ。行かないでくれえ」

手を握ったまま、土下座をするように膝をつき、頭を下げて泣きじゃくっていた。子どもの母親の嗚咽も聞こえていた。

その後のことは、記憶がない。どこをどう帰ったのか、我が家に帰り着いて、泣きじゃくっていた。実家は、急に休業となった。機械が止まった静寂の中で、家族に見守られながら、ただただ、泣きじゃくっていた。家族も、慰めの言葉も見つからなかったようである。

葬式のことも、全て記憶が飛んでいる。何も覚えていない。断片的に覚えていることはある。教室で、子ども達に話すことさえ辛かった。樋川君の机の上には、誰が用意したのか、白い花が花瓶に生けてあった。授業どころではない。どの子も打ち沈んでいた。その時、教頭が呼びにきた。加害者が校長室に来ているとのことである。校長室に向かった。

加害者の少年と対した。俺より三歳ほど年下だ。しばらくお互い無言であった。

「なんで、俺の教え子轢いてもたんや」

と、聞いた。

「カーラジオに夢中になっていて、気づいたら、ブレーキとアクセル間違えてしまいましてん」

突然、体中に怒りが噴き上がった。

「このやろう」

やにわに立ち上がり、相手の胸倉をつかんでこぶしを振り上げていた。こいつを殴って、殴って、殴りつけて、おれも刑務所へいったろやないか。そんな思いで衝動的に行動に出たようである。

突然、教頭と先輩教師が飛び込んできて、羽交い絞めと前からの押しで、そいつを殴れなくされた。

「北君、君には未来があるんや。短気はやめとけえ」

という必死な教頭の声。俺は、腕を振り上げたまま、泣き喚いていたことは確かである。後は何も覚えていない。ただ、校長に指示されて、父親に会いに行ったときのことは、覚えている。強烈な記憶であるからである。

父親に伝えることは、おっつけ加害者の少年が、弔意を込めて謝りに来るということである。なぜ校長が、そんな仕事を俺にさせたのか、今もってわからない。

　店に行った。父親の仕事は、八百屋であった。店じまいのように木戸を立てかけた暗い店に入ると、斜め向こうを向いて父親は、座り込んで包丁を研いでいる。見えたのは、八百屋の菜切り包丁ではなく、柳の葉のように長い刺身包丁のようである。なぜ、刺身包丁なんだ。

　こちらを向いて、父親が口を開いた。目が据わっている。その、辛い視線が、俺を刺した。そして言った。低い、つぶやくような、それでいて怒気をみなぎらせたような声だ。

「先生、息子が世話になりました。やんちゃやったから、しんどい目かけたと思います。せやけど、わしにとっては、たった一人の息子ですねん。まだ十歳ですよってなあ。一人で三途の川を渡すなんて、とてもできまへんわ。せやよって、この包丁で、あんがき（加害者）を突き殺して、わしも喉ついて、あんがき道連れにして、三人で一緒に三途の川渡ったりますねん。先生、見届けとくなはれ。お願いしますわ」

　目の据わった父親の顔を見て、体中の血が凍りつくような思いがした。父親の愛が、言葉の表現を飛び越えた思いである。この感情が理解できたのは、自分の息子が誕生した時のことである。その言葉を聞いて、その後、衝動的に体が動き、店を飛び出していた。学校へ走って帰り、父親とのやり取りを校長に報告した。校長は、すぐに手を打った。加害者と父親が、その後どうなったのか、知らない。

「やめさせてください。とても教師をやってられません」

翌日、一睡もしていない目で校長室へ入り、校長に辞表を渡そうとしていた。校長は、必死になって遺留した。

「北君、君が一時の感情でやめても、死んだ子が喜ぶわけないやろ。後の子どないすんねん。四十三人の子どもどないすんねん。その子らの親の気持ちにもなりいや」

教頭が、

「残った子どものために、がんばったりいや。なあ。子どもらかわいそうやで。辛いやろうけど、もういっぺんがんばり。それが、樋川君への供養やで。ともかく、この辞表、こっちで預かるよってにな」

と、言われた。涙が止まらなかった。

教師稼業が復活した。子ども達も、今までと変わりなく授業を受け、休み時間は一緒に遊んだ。ただ、樋川君の机の上の白い花は、いつも水が換えられ、学年末までその席は保存された。それと、変わらないように思えた子ども達も、命の尊さを自覚したようで、ものごとに真剣になったという感じがした。静かで落ち着いた学級になった。子どもらと一緒におお泣きに泣いたことは、子ども達の心に何か残したようである。俺自身の心の中も、子ども達と共に何か変わった。

市全体合同の連合音楽会のこと

話が前後するが、市の小学校合同の連合音楽会が迫ってきた。昨年度の学校代表同士の話し合いで、我が小学校が、本年度第一回目となる連合音楽会の出場校である。平たく言えば、くじでローテーションのトップになっていたのである。市全体の約束事である。前年度、市全体の幹事会での話し合いで、協議して決まったとおりにくじを引いて、本年度出場を決めてきた当時の担当者は、すでに転勤していた。残った者でやるしかない。しかし、だれもやりたがらない。

運動会明けの週から、連日、その対応策で職員会議が行なわれた。けんけんがくがくの議論はするが、結論はでない。毎日毎日、夜遅くまで、連日の職員会議。誰かがやれば済む問題ではあるが、それができれば、苦労はない。教師は、完全主義で、プライドの高い人種のようであることが、その時わかった。どっちみちなるようになるやろうと、新米教師には関係のないことだとたかをくくって、ひたすら押し黙り、時間の過ぎ去るのを待って、職員会議に列席していた。

そんなある日、みんな押し黙ってしまった会議中、突然、

「北君にやってもらおう」

との体育主任の突然の発議。理由は、

「こんな会議をなんぼ続けても、だれもせえへん。時間の無駄や。これ以上あれこれやってんのはしんどいだけや。北君なら新任やし、男やから、音楽なんか失敗してももともとやろ。せやろ。ほんならやってもええのんとちゃうか」

とのこと。むちゃくちゃな話や。非合理の極み。理不尽な話だ。青天の霹靂とはこのことをいうのだなと思った。もっとも、その後の教師人生、理不尽なことが何度かあった。しかし、この最初の理不尽のときの思いは、

「さすが体育会系の教師だなあ」

めちゃくちゃな合理性としか言えない結論を力ずくで押し付ける。だれも代案が出せない。「そりゃあきまへんで」などと言おうものなら、「ほな、代案あるんか。それとも、あんた出るゆうんか」とやりこまれるのが、目に見えている。みんな押し黙ってしまった。

確かに、職員会議に出ている教職員も、もう皆限界らしく、あれよあれよというまに、どどーっとその方へ流れてしまった。まさしく青天の霹靂。どう言ったらいいのか、もごもごと言葉がでない。あっけにとられているうちに職員会議はお開き。冗談じゃないぞ。といっても、終わってしまっているから、もうどうともできない。ひど

い話だ。ババ抜きのババが落ちるとこへ落ちたんだから、みんなそそくさと帰って行く。

「なあ、そういうことで、北君、たのむわ。音楽なんか、君が棒振って、ぶんちゃかぶんちゃか子どもに楽器鳴らさせたら、それでええのんとちゃうか。誰もわからへんて。文句ゆう奴おったら、そいつにやらせたらええねん」

結局誰も文句言う方がおられず、決定。俺はちんどん屋か、くそ。

次の土曜日、小学校時代の恩師に相談に行った。その頃、学年当初から、毎週土曜日の午後、ピアノを習いに、小学校時代の担任が勤める学校へ通っていた。大学時代、ピアノから逃げていたことがばれて、恩師にこっぴどく叱られ、ずっと通ってバイエルの練習をしていたのである。

恩師は、ことの顚末を聞いてあきれるやら憤るやら。しかし、市の音楽教育研究会の幹部でもあり、かわいい教え子のために、急ごしらえでも何でも、なんとかしようということになった。教え子のためにひと肌もふた肌も脱ぐ、そんな教師に習った俺は、本当に幸せ者だった。支援してくださったのは、当時恩師の学校の校長と、教頭をしていた先生方であった。

その校長は、俺が小学生の時に在学した小学校の校長をされていた方で、俺を教職への進路に誘われた方であるので、ある意味で支援するべきだという責任感を持っておられたようである。教頭は、同じく俺が小学校の時、社会科の交換授業で習った先生であった。いとこや妹の担任だった方でもある。どこまでも縁で助かる運命のようであった。そんないきさつで、音楽の研修会に急遽参加することになったのである。その研修会の最中に樋川君の遭難事故が知らされたのである。その後のことは、先ほど述べたとおりである。

ともかくも、青天の霹靂、突然降って湧いたような話で、教え子を殺されて落ち込み、当事者が教職を辞める辞めないでごった返していても、だれも代わるという者はいない。音楽会の出場は、既定のこととして、やるしかなかった。まったく、わけのわからない社会である、学校というところは……。もっとも、没頭することができて、それだけでも、教え子を失った心の痛みが、何とか紛らわされた。ひょっとして、天が救ってくれたのかもしれないと思えた。

本来なら、自分の学級の子ども達にやってもらえばいいが、そんな気持ちの余裕は、落ち込んでいる、そのときの我が学級の子ども達にはなかった。そこで、学年全体で募集した。先生方の協力もあり、積極的に参加した子もあり、最終的には、四十二人参加することになった。自分の学級の出場者は一人。あの、雨の日の満員電車の伴奏者の山川さんであった。ちびキューピーも、他のやんちゃどもも、青菜に塩で、大イベントに積極的に参加など、とてもできない雰囲気であった。もし、無理やりにでも出せば、出し物は、「葬送行進曲」か「海行かば」のような悲愴、かつジリ貧ムードの曲しかなかっただろう。冗談じゃない。

ともかくも、うちの学級の子は一人しか出なかったが、多くの子が出場することになり、うれしかった。ちょうど学芸会がなくなった頃であり、市全体でやる初めての音楽の発表会なので、出場者の親は大張り切り。毎日早朝練習、放課後練習。熱意と勢いだけが先行し、技術はとても追いつかなかった。そりゃそうだろう。荒地には、作物がすぐに収穫できるはずもないのである。しかし、なんとか形にしなければならない。至上命令である。いろいろ手立てを考えた。各楽器の音色の特徴や音域すら知らなかった輩がやるのだから、まさしく、徒手空拳の出発であった。

まず、合唱は無理。この学校では、発声の基礎訓練ができていない。頭声発声ができていないのである。「ええいままよ」と、合奏の組曲で、自分が大好きな「汽車」をテーマとして曲想を組み立てた。もちろん技術的なことは、小学校の恩師の全面協力である。まさしく、ドンキホーテの所業だった。

恩師は、自分の学級も出場するのにもかかわらず、教え子のドンキホーテのために、教え子の勤務校までやって来て、教え子の教え子達を指導してくださった。それも、運動場で、全校生が聞く中自分で指導し、仕上げを私にさせたのである。急ごしらえの演奏会で、教え子の俺のために、度胸をつけてくださったわけである。俺も熱心な教師のつもりだったが、この恩師には、とてもとても追いつけるものではなかった。今に至るまで追いつけないまま定年退職に至った。師の孔子に対する顔回の嘆息のようである。

さて、俺も子ども達も音楽の技術がない。それまでの指導の積み重ねなんかないのである。それで、素人に受けのいい、迫力もある新兵器の楽器、電子オルガンやマリンバを使うこととした。初のボーナスで電子オルガンを私物に買ってはいたが、悲しいかな、俺のいた学校では、電子オルガンやマリンバがない。ただでさえ少ない予算は、音楽にはほとんど使われず、発言力の強い他の教科、特に体育関係の備品購入に使われていたのである。それで、他の学校の練習時間が終わる頃、あちこちの学校へ楽器を借りに行くのである。もちろん、電子オルガンやマリンバを運ぶのではなく、弾き手の子ども達を連れて行くのである。

弾き手の子ども達は、パーカッションで、我が楽団の中核の子ども達である。音楽の素養のある、まさしく精鋭部隊である。

夜の六時から、よその学校へ行って、本校に無いような最新の楽器を借りての練習。技術は、恩師が個々のパートの子ども達を指導してくれている。子ども達も飲み込みが速い。俺は引率して、そのアンサンブルを聴く。恩師のおかげで、耳だけはいいので、指揮しながら、強弱やリズムの調整をし、バランスを整えるだけである。

子ども達は、最新の楽器を弾けるので、喜んでついてきてくれた。終わるのは夜の九時、十時。練習が終わったら、皆にラーメンを振る舞って、一緒に食べた。心が一つになった。親も全面協力。迎えに来る親もいたが、帰る時間は一定ではない。それで、夜遅く、子ども達を一人一人家まで送り届けることも多かった。全員女の子だが、夜遅く連れまわすのに、親からの文句は全くなかった。子ども達は、やりがいを持ってくれていた。俺も、もう夢中であった。

この子達とは、その後もハイキングに一緒に行ったりして、楽しい付き合いを続けることができた。今も交流が続いている子もいて、母となった教え子の子どもの学校生活について親身に相談に乗ったりしている。

ともかくも、熱意と気力と体力で技術の拙さを補って、出場当日になった。苦労が実るか、ぽしゃるか、乾坤一擲という言葉が、肌感覚でわかった。学校の教職員は、誰も手伝おうとはしなかった。いや、手伝えないといった方がよいのか。同い年の若い女子教員が、ピアノ伴奏をしてくれることになっただけでも、本当にありがたい事であった。後で聞くと、校長の思いやりだったようである。

「周辺部の学校は、音楽や図工という芸術の教科がないがしろにされているからね」

そういう恩師の支援を受けて、ともかくも、一人で全てをこなした。情熱が先行し、子ども達が、必死についてきてくれた。お釈迦様の手のひらで暴れまわる孫悟空というところであろうか。今から思えば、音楽不毛の周辺校に、音楽教育のタネを蒔こうという恩師の深慮遠謀、戦略だったのかもしれない。

もっとも、「音楽不毛の学校」なる言葉は、当時パーカッションで中核としてがんばった教え子の言葉である。最近彼女が出した本の中で、この音楽会のことにふれて書いてくれた部分にある。その本の中で、

「熱い先生は、いつまでも熱いのですね」

と、俺のことを述べ、熱血教師なる誉め言葉を奉ってくれた。本の贈呈に喜びながらも、

「そんないいものじゃないよ」

と、礼状に書いたことは、覚えている。大学生の時、ピアノから必死に逃げて卒業したから、ピアノは弾けなかった。それを知った我が恩師から、厳しく呼び出され、毎週土曜日の午後、恩師の勤める学校の音楽室で、厳しくバイエルを仕込まれた。男はどっちみち高学年担任やから、音楽や家庭科は、専科教員がやってくれるとたかをくくっていただけに、参った、参ったというところである。何しろ、間違った鍵盤をたたこうものなら、その手をびしりと叩かれたのである。だから、ピアノはかなり弾けるようになり、後に教頭や校長になった時も、担任の代理でピアノやオルガンで伴奏できるようになった。ありがたいことと思わなければ、罰が当たるというものであ

る。だから、「なせばなる」の信望者であり、熱意と根気で、ぐいぐいと子どもを引っ張っていけるようになったのである。音楽会出場は、恩師の応援、支援でできたようなものである。

さて、いよいよ、本番の当日が来た。出番になると、子ども達の表情がすごい。目が真剣で輝いている。当時の写真にうつる子ども達の表情は、すごい。俺も指揮をしながら、出だしが満足できず、途中で一旦演奏を止めさせ、再び演奏を始めさせた。あれだけがんばったのに、凡打のような演奏は、したくなかったのである。結果的には、それがよかった。迷指揮者と超優秀な楽団員の演奏は、とても高く評価されたのである。ただ、音楽への打ち込みは、これっきりであった。

苦労の副次効果として、音楽の指導技術は一定程度高くなり、その後も音楽の時間は自分で受け持つことができたし、自信もできた。教頭や校長になってからも、音楽の補欠授業で、即興で伴奏をつけて、ピアノやオルガンを弾き、音楽の指導が、ともかくもできたのである。

考えてみれば、音楽ほどできるかできないかがはっきりする教科は、ない。それは、確かである。伴奏つきのテープなどは、まるで使ったことはなかった。傑作なのは、何年か後、府の指導主事時代に、音楽の副担当もしたということである。よくもまあ、音楽教育実践報告研修会で、指導助言をしたものである。今も思い出すと、冷や汗が出る。大阪府の音楽教育の研修会に参加するのは、各校の音楽専科の、いわば専門家ばかりであったからである。それも、中学校の音楽科担当教員や小学校の音楽専科教員の研修会で指導助言をしたのだから、恩師が知れば、きっとびっくりされて、腰を抜かされたことであろう。後に、同窓会があり、その時、初めて恩師に報告したところ、しばらく絶句された。むべなるかなで、ある。

高等算術のこと

学年末、どの学年も打ち上げと称する慰労会をする。本学年も、ターミナルの無双寿司という高級な店で打ち上げ会を行なった。それはまあ、うまかった。その支払いは、当然割り勘だと思っていた。ところが、学年会計をしておられる上中先生が、

「会費はいいんよ」

と、にこっとして言われる。

「なぜですか」

「高等算術よ」

その頃は、教材の業者が、自分のところで扱う教材を採用して欲しさにリベートやバックマージンを学校にするのが、ごく普通の商習慣だったのである。教材が、大量に納められる利益は大きい。だから、売り込みは、熱がこもる。裏の手があるのは、当然なのかもしれない。後ろめたい思いはするが、アダムとイブならぬ、禁断の木の実を食べてしまった後では、ええ格好しても始まらない。そういえば、上中先生は、蛇年だったかな。

しかし、その様なことがおかしいと疑問に思う心も、やがて麻痺するのかなと思った。郷に入っては郷に従えというううちに、ただ酒、ただ飯にたかる類になるかもしれない。そうならなかったのは、鈴上のお陰であった。鈴上との付き合いで、その生き方に共感し、かつ影響を受け続けたために、自分から腐った肉を食べるということはできなかった。そのことが、我が人生の誇り（？）でもあった。

鈴上は、不正が大嫌いというのが、骨の髄まで染み込んだ男だったから、その後もその生き方をずっと通した、まさしく硬骨漢というに相応しい男だった。ただ、適当に腐った肉のおこぼれに与りたい連中にとっては、煙たい存在であったことは、確かである。そのため、どこでも摩擦を起こしたが、「己を顧《かえり》みて直くんば、千万人と雖《いえど》も吾往《われい》かん」という、孟子の精神そのままの生き様であったから、痛快であった。しかし、俺の方は、後に教頭という仕事についた時には、そんな痛快さとは縁遠い人生を送る羽目になったのである。リベートやマージンなど、金に汚い、いやしい御仁が俺の上司になったからである。そのことは、後日またお話しすることとしたい。思い出すだけでも、胸糞が悪い。くそ。

そのまんまゴーの二年目

　さて、二年目は四年二組の担任になった。前の担任が体を壊したとかで、低学年担任か、担任外を強く希望したからだ。組合（教職員団体）の専従になるとのことで、体を壊した云々は、どうも理由づけであったようである。

　同じ四年生だが、ちょっと一年目の子ども達と違う雰囲気であった。どうもボスがいるようである。子どもに近い精神構造だったのか、ピンと匂ったのである。やはり、カンに狂いはなかった。臼田正人という、頑丈そうで腕っ節の強そうな、ポパイのようにあごとえらが張り出し、見るからに強そうなガキが、ボスであった。

　学級の中で、この臼田を頂点とする男子の集団が、学級を牛耳っていることがわかった。そして、臼田の命令で、その集団、というより軍団が動くのであった。前年度の担任が、その臼田を中核とする秩序に安住し、必要悪としていたことがわかった。まったく手抜きの学級経営を引き継いだので、ともかくも、しばらく様子窺いの時間が必要であった。

　同じ学年に、大学時代に机を並べていた北尾がいた。同じ年の同じ月に生まれ、彼が二日早く生まれたのである。生まれた場所も、直線距離で五キロと離れていない、同じ町であった。向こうも覚えていてくれたので、共に協力して学級運営をしていくこととした。この北尾が、よりによって、我が親友の鈴上と歓送迎会の席でトラブルを起こしたのである。

北尾は冷静な男で、合理的な性格であった。そして、義理人情やべたべたした人間関係を嫌う傾向にあった。鈴上は、反対に浪花節的ともいえる非合理さで、義理人情に厚い人間であった。お互い虫が好かん感情にあったのであろうか。酒がその感情を高揚させたのかもしれない。鈴上が、

「あんた、新入りやろ。俺のビール飲んでくれるやろ」

とか言うと、北尾は何か返したようで、それが鈴上の癇に触ったのか、鈴上は、

「俺のビールが飲まれへんと言いまんのか。そうか、口から飲んでくれへんのやったら、頭から飲ましまっせ」

とか言ったようである。それに対して、北尾はむっとして、

「どうぞ」

と、言った。すると、やにわに鈴上は、開けたばかりのビール壜から、よく冷えたビールを、北尾の頭に注いだ。頭にかけられたビールが、どぼどぼと黄色い滝となって、背広の肩から畳へと下った。宴会の席は、一瞬凍りついたようになった。北尾は、

ビールが頭から注がれている間も、そのまま座った姿勢のままであった。こいつも大物やと思った。

鈴上が自分の席に帰った後、教頭が鈴上に何か詰問していた。校長が、北尾のそばに行った。俺と学年主任、女子教員、幹事らが、おしぼりやタオルで北尾の頭や服、畳を拭いていた。校長が北尾に尋ねた。

「頭にビールをかけてもええと答えたんか」

「ええ、そう返事しました」

どこまでも北尾は冷静であった。どつきあいの喧嘩にもならず、座はしらけたまま、お開きの宣言がされた。皆、そそくさとひきあげていった。周りの、北尾と鈴上を見る眼が、そのときから微妙に変わったと感じられた。しかし、鈴上と北尾の関係は、表面的には、その後も平静で変わらなかった。

北尾の学級と俺の学級との共通課題は、どちらもボスのはびこる風土を、いかに改善するかということであった。北尾の学級の方が、かなり悪質で陰湿であった。立川というボスが君臨し、男子集団による特定の子へのいじめが繰り返され、その背後のフィクサーが立川であった。学級の雰囲気は、教師よりも立川の意向や動向に支配されていた。北尾は、冷静な分析で狡猾に立川を炙り出し、立川のカリスマ性を減らし、立川を無力化していった。

そんなある日、ついに立川がボスの座から追い落とされ、それまでの支配下にいた連中によってたかってての暴力を受け、耳かきで鼓膜を突かれて破られる事件が発生した。惨めに泣き叫ぶ立川に、

「いじめられる者の辛さや悲しさが、わかったやろ」

と、現状分析するような冷静さで語り聞かせる北尾の姿が、あった。それと共に、立川への加害者に対する、熾烈なまでの追及と懲罰がなされた。北尾の学級が落ち着きを取り戻したのは、その後であった。立川に代わって君臨したのは、学級担任の北尾自身であった。

　俺の学級のボス退治は、そんな冷静で確実なものではなかった。まず、ボスグループに対抗するグループを立ち上げ、徹底的にそのグループにてこ入れをしたのである。そして、ボスのグループの構成員を、一人ずつ剝ぎ取るように新しいグループに入れたのである。最後に、ボスが孤立し、俺の監視もあり、ボスは無力化した。もちろん、ボスの親に対しても、

「このまま力による支配を続けたら、この子は大変なことになる」

　と言い募って、親からも働きかけてもらった。そして、我が学級も平穏になった。そのときに、ボスチームに対抗して作ったチームの子ども達とは、それからもつきあい、その後も結婚式に招かれたりする関係を続けた。

ボスの話ばかりになったが、他にもいろいろ経験した。そのひとつが、北尾のクールさを表すエピソードである。

ある日の体育の授業中、北尾の学級と運動場でキックベースボール大会をしたことが、ある。その時、ある子どもの蹴ったボールがそれて、運動場の門から外に転がり出た。守備の子の一人が、ボールを追って外へ飛び出していった。夢中になると、子どもは、後先を考えない。あいにく、塵芥収集の車が来ていたので、門は開け放たれていたのである。子どもが飛び出していくと同時に、突然急ブレーキの音と、何かのぶつかる音がした。俺と北尾が飛び出した。足の速い分、北尾の方が少し速かった。

運転席から運転手の四十くらいの男が出てきて、倒れて泣いている子に、飛び出した方が悪いと、言い募っている。

「北君、他の子どもらが出てけえへんように、門閉めてや」

と、冷静に言った。ここは、冷静な北尾にイニシアチブを取ってもらうこととして、言うとおりに門を閉め、門の外から、子ども達に、職員室へ知らせに行くようにと、指示した。

運転手は、なおも北尾に食ってかかるようにわめいている。北尾は、冷静に眉ひとつ動かさず聞いていた。言うだけ言って、運転手がはあはあと興奮冷めやらぬように、肩で息をしていたが、それに向かって北尾が冷静に言っていた。

「ここは、車が通っていい道なんか」

運転手の男は、はっとして、青くなった。やっと気づいたようである。標識が、丸くて青い。歩行者専用道路なのである。北尾は、冷徹な目で相手を見据えていた。弱みを見せまいと、相手は、虚勢を張っていたのである。北尾は、それを見抜いた上で、相手の勢いが一旦止まるまで、タイミングをはかっていたのである。俺が、はねられた子どもを抱いて保健室へ行こうとした時も、制止をかけた。はねられた子どもの状況も読みとっていたのである。狭い道なので、車もスピードを出していなかったので、けがは大したことはないと、冷静に判断したわけである。

サイレンを鳴らして救急車がやってきて、けがをした子どもを搬送しようとして、担架に乗せた。続いて、パトカーもやってきた。運転手の男は、青菜に塩のようになり、警官の事情聴取を受けていた。駆けつけてきた校長も、保健の教師も興奮気味であったし、俺も心臓がドキドキしていた。北尾一人が冷静で、警官の事情聴取に答えていた。その後、北尾の冷静な対応を、誰しも認めざるを得なかった。

北尾のことだけでなく、遠足の時のエピソードも書き留めておきたい。

遠足の下見では、危険な個所や子ども達が遊べるような場所をチェックする。学年の担任は、旧士族を誇る還暦直前の男性教師と、名門女子師範学校出身の、やはり還暦直前の女性教師、それと二十三歳の北尾と俺の四人だった。下見は、若い男性教員の北尾と俺の役目だった。歩くところの多い所の下見を、還暦前の方々にはさせられない。忖度ではなく、マナーだった。しかし、北尾と俺は、二人とも何せ若い男なので、女の子の便所のことまで意識してはいなかった。自然がいっぱいで、他の学校が来ていないという点で、とてもよかった場所だが、トイレが設置されていなかったのが、難点であった。だから、他校の遠足が実施される場所ではなかったのである。学年主任は、若い男達に下見をまかせたことを、後悔したはずである。

遠足当日、子ども達全員に到着駅でトイレを済まさせ、春の野道を元気よく歩き、本校の子ども達だけで、自然がいっぱいの広場でランチタイムをとり、その後、その広場で、思いっきり遊ばせた。まさしく、独占であった。

ところが、出発間際に、

「先生、トイレ」

まあ、自然がいっぱいのところだから、男子は、そこらへんで適当にやらせればよかったが、女の子はそうはいかない。

「ついておいで」

と、十人ぐらいを一列縦隊にして草深い斜面を登る。先頭は付き添いの若い女性教員。最後尾に俺。女性教員が言う。

「北先生、もうこれ以上行けません。いっぱいいいっぱいです」

　そこで全員ストップさせて、男の俺も含めて全員回れ右。女子全員をしゃがませて、はい、どうぞ。女性教員の合図で、約十何人かの女子児童全員が一斉放尿。後ろでおしっこをする音がする。開いた俺の足の間は、小便の小川。背中で全員が用を足したか確認して、滑らせないように注意して、そろりそろりと集合場所へ行かせる。滑ったら、おしっこの川の跡で泥だらけになる。同じ行列を同じように何度か繰り返して、女子児童全員の御用は終わった。

「あの、北先生」と、おずおずと付き添いの「若い」女子教員が、言った。

「私も、その……」

　と、もじもじ。

「あっ、わかりました。どうぞしてください」

　と、後ろ向きで答えて、さっさと集合場所へ下った。後でその女子教員は、仲間や先輩女子教員らに、俺のことを冷たいと言っていたとのことである。蛇や虫が出てくるかもしれないのに、そばについて警戒してくれなかったということらしい。「冗談じゃないわい、いい大人が」と、思った。まあ、こんな俺のような男にデリカシイを期待する方が、無理というものである。

　そんなことよりも、女の子が一人、帰り道で足をくじいたようである。その子を背中に負ぶって、残りの子ども達を先導して、駅へ急いだ。

「きっとお父さんの背中って、こんなに温かくって大きいのね」

と、その子は、私の背中に頭をもたれさせていた。その子の父親は、その子がごく幼い時、不慮の事故で死んだとのことである。ただ、かなり成長の早い子のようで、背中に胸の柔らかさが当たり、独特の香りが、鼻腔をくすぐったことを覚えている。あの子、その後どうなったかな。

トイレについては、他にも事例がある。夏休み、高野山で実施された五年生の林間学校に付き添いで同行した時のことである。高野山は、南海電車でいく。乗る電車は、臨時の団体列車である。今のように混乗はしないので、まあ、気が楽であった。ところが、発車してからだいぶたった頃、トイレに行きたいと泣く子があった。青くなっていたから、相当我慢していたようである。しかし、この当時の団体列車には、なぜか便所が付いていない。まあ、片道二時間余りということもあろう。そのため、電車の発車前に全員便所へ行かすのであるが、子どもの中には、しなかった者もいたということである。理由は、便所が汚かったということである。

男子は用便中に後ろから見ていても、用を足したかどうか確認できるが、男子と違い、女子は個室であるから、全員したのかどうか確認できない。第一、男の教員が女子便所についていけるわけはない。女子教員がしっかり確認してほしいものである。まあ、確認を十分してなかったようである。

当時はまだ、水洗便所が十分普及していない頃で、駅の公衆便所には、使い方のマナーの悪さで、臭い汚い所が、多かった。女の子の中には、臭い汚いトイレでは、用を足せない子もいたとのことである。学校の便所も汲み取り式であったが、喧しく当番の子どもを急きたてて便所掃除をさせていたので、まだましであった。校務分掌で校内美化の担当を割り当てられていたので、清掃は徹底して指導していた。それでも、女子の中には、帰宅するまで学校の便所には行かず、帰宅するなり便所に駆け込む子もいたのである。俺の学級にもいた。相川という女の子で、場面緘黙とかいう症状で、登校してきてもずっと黙っていて、目玉だけ動かしている女の子であった。

林間学校に参加した女子児童の中には、駅の便所の汚さに辟易して、用を足せなかった子もいた。用を足したと嘘を言い、そのことを黙っていたのが、件の子達である。同じ学級の女子児童らは、こちらに何とかしてくれと団体交渉してくる。男の、しかも単なる付き添いの俺に言わないで、担任の女子教員に言えばいいのにと、思った。しかし、感想としては、実に麗しい、仲間の為にする美談である。美談のついでに俺は、ある企てを企み、子ども達に協力を要請した。子どもらの要求を無視して、件の子らがおしっこをちびったりしたら、それこそ子どもの心を傷つけるだろうし、帰ってから親からの厳しい抗議が予想できた。第一、教師に対する不信感は、どうにも避けられない。

俺は女子達に、「かごめかごめ」をするときのよう、件の子をしゃがませ、その周りをしゃがませた子でとりかこませた。さらにその周りを、立っている子達で囲ませ、そっと排尿用のビニル袋を件の子に渡すようにさせた。俺は、車掌の動きを注視して、用便可の合図を送った。それを、我慢している子の数だけ行った。

男の子は、簡単だった。列車の連結の方を向かせて、ビニル袋に排尿させた。温いビニル袋をいくつか貯めて、電車が止まった山間の駅のゴミ箱へ捨てに行った。どうもトイレの問題では、臭い事例が、多すぎる。我慢して頂きたい。

林間学校について行ったこの学年の子ども達は、昨年度担任したので、親近感があった。しかし、あくまで、現在の担任には遠慮して、お手伝いに徹することとしていた。

ところが、一日目の夜、昨年担任した堺さんが、喘息の発作を起こしたのである。校長の指示で、堺さんをだいて、森岡と一緒に近くの内科医へ飛び込んだ。たくさんの患者が待っていたが、緊急の患者ということで、真っ先に診察室に入れてもらった。年配の医者は、発作を抑える注射をしながら、

「喘息の持病のある子を、こんな気候の違うところへ連れてくるのがまちがいじゃ」

と、ぼやいていた。俺は医師や看護師に謝り、感謝の言葉を言ったし、ついてきてくれた同僚の森岡は、待合室の患者さんがたにお詫びをしてくれた。担任は、ついぞ

来なかった。付き添い教員の仕事だと考えていたようである。その後、高野山病院へ緊急入院ということになったが、まず、親に連絡しなければならない。校長の指示もあり、担任に堺さんの連絡先を尋ねたところ、緊急連絡のための電話番号のメモも何も持ってきていないという。

「知りません、私は何も知りませえん」

と、むやみに頭をふって、感情的に拒否をする。お手上げだ。教え子の住所録ぐらいもっとけよと言いたかった。弱ったなあ。どないしよう。堺さんは、苦しい喘息の息の下から、涙を流しながら、母親を呼び続けている。

昨年度の教え子達を呼び集めて、堺さんの家に連絡がとれないかと、尋ねてみた。すると、ちびくろさんぼの、いや斉藤君が、

「僕とこのおかあちゃん、堺さんのおかあちゃんと友だちやよってに、知らせることができると思うけど」

と、言ってくれた。しめたとばかり、斉藤君の家の電話番号を聞き出して、宿からかけてみた。斉藤君のお母さんに事情を言うと、しばらくして、堺さんの母親から宿に電話があり、最終電車では橋本までしか行けないので、後はタクシーで高野山病院に駆けつけるとのことであった。助かったと、ほっとした。

真夜中に病院に母親が駆けつけ、子どもは、母親に抱きついて泣きじゃくった。よ

ほど心細かったのだろう。母親は偉大だと、心からそう思った。母親も、我が子を抱きしめながら泣いていた。そして、俺に涙ながらに感謝の言葉を言ってくれ、ついてきてくれた森岡にも、何度も礼を言ってくれた。その後、母親は一晩中寝ずに付き添っていた。

翌日、堺さんは安堵の表情で、母親にくっついていた。他の子ども達も先生方も、にこやかな表情で、よかったなあと思った。ただ、担任の教師は、えらい不機嫌な表情であった。難しいなあ。なんでやろ。そういえば、堺さんのお母さんは、ついぞ担任には、礼を言っていなかったようである。斉藤君には、礼を言っていたようであるが。ちょっと気回しが足りないのかなあ。面子の問題か。ちっとは素直になれやと言いたかった。どうも、教師という種族は、難しい。

次の年、三年生の担任となった。また今までと同じ姿勢で現場に臨んだ。学級便りを発行し、プール学習も体育の時間も、楽しくて仕方がないという日々である。学年は五学級で、全員二十代の者ばかりで、平均年齢が二十三歳であった。まったく信じられないようなフレッシュメンバーの学年であった。その中で、男は俺だけ。後は若き女性ばかりで、最年長は二十八歳、最年少は短大出たての麗しき女の子二十歳。今日では考えられない学年担任構成であった。

プール指導の時間など、プールのそばにあったごみ焼却炉の灰を集めに来たパッカー車の現業吏員たちが、一メートル強の高さにあるプールの床の端にほお杖をついて、プール内を見ていたことがある。俺のプール指導を参観していたのではなく、短大出たての若い女子教員を筆頭に、二十代前半の、若いピチピチギャル達の水着姿を参観していたのだろうことは、容易に察しがつく。本当に楽しい時代であった。

ところで、この頃、新聞に載せられるような事件があった。一つは、同じ市内の小学校で、子どもがプールで溺死する事件があり、安全管理不十分とかの責任をとらされて、その学校の校長が、七月三十一日付で免職となった事件である。

二つ目は、俺のいた学校の事件だった。子ども達が、プールサイドを両手でつかんで、バタ足の練習を横一列でしていた。密度が高すぎたのか、隣の子のばた足の足が肩甲骨の辺りに当たり、一人の女子児童が沈んでしまったのである。全員が上がった後、底に沈んでいる女子児童を見つけた教員が、悲鳴をあげてわかったとのことである。今のようにプールの水が循環式ではなかったので、透明度が低く、見つけにくい状況であった。そのため、当時は、水泳指導後、児童全員が、よくプールサイドを持って水中を、かにのように、横に歩かされたのである。もし、底に沈んでいる子があれば、踏んづけることで、すぐ分かるからである。

たまたまその日は、その子の担任が発熱で、プールサイドにいなかったので、それが問われて問題となったのである。もちろん、安全管理に必要な人員配置はされていたし、休んでいた教員の代わりの教員がいたので、人数的には監視人員が足りていたのだが、何か事件が起こるとマイナス評価、減点法で、重箱の隅っこを突かれるようにして、できていないところばかりを責め立てられるのが、学校や教師である。そして、針小棒大にあげつらわれた挙句、事実無根のままでも、罰を与えられるのが学校現場である。危機回避が本当に下手で、役人のようなしたたかさがないのである。それは、その後教育委員会時代にも見聞きもしたことである。いや、俺もその渦中に放り込まれた一人である。

どうも教師は、自己防衛がからきし下手な種族である。自暴自棄ならぬ、自防自棄である。自分自身も、そんな目にあわないという保証がないので、裁判費用も出してくれるという保険ができたとき、真っ先に入った。幸い、校長時代、全く活用することはなかったが。それは、幸せなことであった。

このプール事件の時は、当事者の親は、我が子がともかくも無事だったので、あまりとやかくは言わなかったのであるが、その担任への恨みつらみのある保護者が、いわゆるちゃちゃを入れて、あれこれ入れ知恵をしてことが大きくなり、教育委員会へ訴えたのである。それが、某新聞記者の知るところとなったのである。

このときの校長の心労たるや大変なもので、この事件の後、管理責任を問われて、他校へ配置換えになった。そして、その後、早期退職をされ、幾ばくもしないうちに亡くなられた。相当ストレスによるダメージがあったようで、心労のあまり、寿命を縮められたようである。当事者の担任も、次の年、わけのわからない事故で突然亡くなったので、もうほとんど覚えられていない。一説には、ストレスが高じての自殺だともいわれているが、事故の原因は、未だに不明だということである。

その後、俺の勤務校で、次々と何か不幸な事故が続いた。光化学スモッグで、体育の授業中に突然ぶっ倒れて、そのまま亡くなった女の子。指導している教師も、ほかの子ども達も、全く異常がないのに、なぜかその子だけである。

あるいは、放課後に、近所の道で、工事車両に巻き込まれてなくなった男の子。そのほかに、近くの川へ鮒とりに行って水に落ち、溺れ死んだ男の子もいる。後日俺は、家族で旅行に行った時、姫路の書写山にある豪壮な寺院建築の柱に、その子どもの母親が納めた千社札を見つけ、辛い思いがぶり返したことがある。

次々と子どもの死亡事故が続いた。教え子を暴走族のような若者に奪われた俺の経験が、一時にぶり返したのも、この頃である。そんな不幸な運が、ついに本校の他の関係者に波及する事件が連続するようになる。つまり、管理職の中にもそんな事故が波及したのか、校長、教頭と相次いで亡くなることが、あった。

まず教頭が、自宅で階段から落ちて入院し、その入院中に癌が発見され、そのまま亡くなった。葬式の日、弔辞を読んでいた校長は、その八ヶ月後、胃癌で亡くなった。

その校長の葬儀の日、参列していた新しい教頭は、顔色がどす黒く、体調が極めて悪いという印象であった。そして、まもなく校長の後を追うように亡くなった。宗教を拒むような合理的な考えの教員の中にも、おはらいをしてもらおうという意見が大勢を占めてきていた。

その後、強烈に悪運の強い男と自称する校長が着任し、管理職と子ども達の不幸な事件の連鎖はなくなった。しかし、今度は教員の一人が事故で亡くなった。不運が、悪運の強い管理職を忌避して、この教員に矛先を変えたようである。この方は、なぜか運がなかった方であった。思えば、運のいいのも実力のうちである。日露戦争の時の東郷平八郎元帥は、運の良さを認められて、舞鶴鎮守府長官という閑職から、連合艦隊司令長官に、異例の抜擢をされたという。あまり運の良くない俺としては、なんとかあやかりたいものだが、今に至るも、運のない、どんくさい人生を歩んでいる。どうも人生不平等だ。もっとも、大過なく校長で定年退職をしたのだから、それほど悪い運でもなさそうであるが。ありがたいと思わんと、ばちが当たるというものだ。

この学校で勤務したが、違うようになったことがある。その一つが、夏の宿泊行事が、臨海学校になったことである。それはまあ、張り切ったのなんのって。海が大好き、泳ぐことが大好きの男である。海には浸かりっぱなし。でも、唇の色は変わらない。他の教員は、ひょっとしたら、俺をトドの生まれ変わりと思っていたのではないかと、思われた。

新婚ほやほやの女房を実家に預かってもらって、早朝から一番電車で学校へ駆けつけたのである。その夜、妻の実家に電話をかけた。妻の実家に礼を言うことと、妻に一言かけてやりたいとも思ったからである。所詮俺も、一人の男にすぎないわけである。

携帯電話など、もちろんなかった時代である。備え付け電話でかけるしかない。他の教師や子ども達がいる状況で、新婚一カ月未満、ほやほやの俺が、新妻に電話しているところを見られるなんてのは、男の沽券に関わると思った。もっとも、ラブコールは、これ一回きりであったが。正直なところを言えば、宿の電話を使うのは気恥ずかしいので、外の公衆電話からかけることにした。午後八時を過ぎると、電話代が安くなる。それを見越して、消灯後の十時過ぎ、仕事が一段落した後に、電話をすることにした。

予定通り十時過ぎ、宿の外にこっそり出て、公衆電話を探した。公衆電話ボックスは、すぐに見つかった。その電話ボックスのドアを開けて中へ入った時、驚かされた。なんと、この公衆電話には、ダイヤルがないのである。つまり、ダイヤル通話ができないのである。その代わりに、電話機の横に手回し式の小さいハンドルが、付いているのである。そのハンドルを回して電気を起こし、電話局を呼び出すという、まったく街育ちの俺には、想像もつかない代物であった。

その時の、初めての体験をお話しする。まず、送話器に向かって電話局の交換手を呼び出す。受話器は、送話器と一体ではなく、分かれている。早い話が、明治か大正に時代設定された映画の場面で出てくる、あの古いタイプの電話機である。いわば、何十年も昔の電話機で、映画でしか見たことのない、歴史博物館にあるか、骨董品屋の奥に鎮座している、歴史的逸物であった。それで、交換手に相手先の電話番号を伝えて、しばらく待つのである。すると、電話がつながった旨連絡が入り、やっと妻と話ができるのである。

通話を終えると交換手が出て、

「ただいまの通話料は、百何十円です」

と、教えてくれる。指定された通りに、百円玉と十円玉何枚か入れる。その音だけで、十円玉と百円玉を聞き分けられるのだなあ、やはりプロだと、妙に感心させられた。何よりも、公衆電話利用者を信頼しきっているようなシステムに感心したり、驚いたりというところである。得難い体験をさせていただいたと思っている。

翌年からは、この公衆電話ボックスも、先に硬貨を入れる、普通のダイヤル式電話になったので、これが、最初で最後の体験であった。もっとも、二年目は、新婚ではなくなったためか、家内にラブコールなどしなくなった。なんせ、仕事なのだから。

次の年、この臨海学校で、ややこしいトラブルが発生した。困った事件である。今なら、首のいくつかは飛んだかもしれない。いや、そんな事件は、起こる可能性もないであろうが。

一泊目の夜のことである。子ども達を寝かしつけて、教師たちが別室で反省会をするのである。反省会の実質はすぐ終わり、後は、一種の慰労会となる。海辺の宿なので、ぴちぴちの刺身など、地元の珍味が供される。地酒とビールで、昼間の疲れを紛らせるのである。しかし、酒の苦手な俺には、迷惑だった。しかも、その後、午前二時から四時まで見回りをしなくてはならない。昼間の疲れもあり、会の真っ最中にうとうとと眠ってしまった。

と、突然、怒鳴りあいの声。もともと気性の激しい上に酒が回って気性の荒くなったある若い女子教員と、すでに述べた鈴上が、お互い結婚相手のできないことを揶揄しあっていたが、それが高じて、つかみ合いになったのである。鈴上は校長と教頭、主任の教員たちが押さえにかかっている。相手の女性教員二十八歳には、年配の女の先生が止めに入っている。その年配の先生の指示で、松の廊下の梶川殿よろしく、二十八歳を後ろから羽交い絞めにして引き止めた。二十八歳が暴れる。何か柔らかいものがかいなに感じられた。女の胸だ。えらいグラマーだ。ぞくりとした。えらいものを触ったものだと思って羽交い絞めを緩めたところ、彼女はすり抜けて、脱兎のごとく外へ飛び出した。暗い夜道を走っていってしまった。

校長の命令で、手分けして、女性二十八歳を探すことになった。捜索隊は、もちろん全て男だ。いなくなったのは、少なくとも若い女性だ。なんかあったらえらいこっちゃというわけである。俺と浅井君という新米教員とは、海の方へ向かった。

海の方から、女の叫び声のような金切り声が聞こえる。暗い海に向かって、まっすぐに防波堤が伸びている。海の上には月が昇り、暗い海に金粉をまいたように漣が光る。防波堤の上で、黒いシルエットが激しく動き、わめいている。鬼気迫る光景である。悲鳴にも似た、甲高い、女性の発する雄たけびのような声が海の上に広がり、響いているような感じであった。ともかく、応援でかけつけた職員と、何とか宿舎に連れ戻した。また、ぞくりとする感触を味わわされた。

翌朝、彼女は二日酔いで、

「朝飯、持ってこい」

とのだみ声。年配の女性教員が、おずおずと持っていったそうである。宿の人の顰蹙をかったことは、いうまでもない。子どもらが、帰宅後、親にどう報告したか、かなり気になったが、聞かずにおいた。

俺はというと、その夜、この女性二十八歳を迎えに行って、どうやらこうやら宿へつれて帰った後、子どもたちの寝ている部屋を見回ったのだ。眠くて眠くて仕方がない中回ったのだ。当時は、深夜の見回りは男の教師だけの仕事で、男子の部屋はもちろん、女子の部屋も回らされた。今のように、セクハラという観念はなかったのかもしれない。

男の子よりも女の子の方が、寝相が悪かった。大根と丸太ん棒が入り乱れてからまり、中には、他の子どもの腹の上や顔の上に乗っかっているものもある。いちいち直していられない。そのまま、踏んづけないように、薄暗い中、気をつけてまたいだりして通り過ぎた。

見回っているときに、誰かの足に躓いて、手にもっていた大きめの懐中電灯がどこかへ飛んでしまった。暗いし、眠いし、そのうち出てくるだろうとたかをくくって、次の当番の年配の教員に引き継ぎに行った。ところが、その教員を起こしにかかったところ、「うるさい」と一喝された。飲みすぎて眠り込んでいたため、無意識に拒否したわけである。俺もふてくされて寝てしまうわけにもいかず、また見回り、廊下で座った椅子で、そのまま寝込んでしまった。みんな、あの女性二十八歳が悪いのだ。

さて、二日酔いで頭が痛いといって保健室にした部屋で、二十八歳の彼女が寝ていたのだが、その横で、頭が痛い、こぶができたといって寝ている女子児童がいた。なぜか夜中に、寝ている間に何かが頭にぶつかってきて、こぶができて痛かったとのことである。くだんの懐中電灯は、職員部屋の所定の場所にも鎮座していた。どこかに転がっていたのを届けた子どもが、いたのだろう。寝ていた子も、打ち所が悪くなくて、一応ほっとした。まったく、はた迷惑な話である。一番気の毒なのは、保健室で、頭が痛いと、こぶを冷やしてもらっている女の子であったと言えよう。元凶は二十八歳の女の教師だが、俺はこの被害者の女の子に、謝るべき時を逃してしまった。

　ついでにいうと、この二十八歳の女性教員は、ちょうど二十八年後、校長をしていた俺の学校に転勤してきたのである。それまでの学校で、トラブルメーカーとして名を馳せ、前任校でも、校長と大喧嘩の挙句飛び出してきたというのである。教育委員会としては、総スカンの彼女を行かせるところとして、なぜか俺に白羽の矢を立て、我が校に送り込んできたのであるという。今までいた、もっとややこしい教員をなんとか放り出して、平和がやっとめぐってきたところなのに、何のうらみがあんねんや。もっとも、三十年近い前のいきさつなど、教育委員会には分からないのは仕方がないが、なんでうちの学校やねん、そんな思いだった。彼女は、俺が校長をしていた学校に転入後も、他の職員とトラブルをよく起こしてくれたが、俺には好意的に接してくれたので、ありがたかった。彼女の気性も知っていたので、微妙なところでトラブルがまあ、何とか小さく収められたからである。

　さて、一年目の臨海学校の、もとの話にもどそう。臨海学校から帰ると、妻の実家へ妻を迎えに行き、実家の義母や義兄夫婦に礼を言って、辞去した。妻は、久しぶりの実家で、娘時代に戻り、楽しんだようである。

帰宅して、風呂に入った。背中がかゆくてたまらないので、妻を呼んだところ、真っ黒に日焼けした背中の皮がめくれかけているとのことであった。妻が、背中の皮をめくってくれると言ったので、頼んだ。妻は、それをことの外喜んでやってくれた。俺の新妻は、変態なのかあ。

臨海学校は、毎年あった。翌々年、初めて六年生を持たされた。この時は付き添いではなく、引率であった。ところが、この子ども達、学力も泳力も、ことのほか低い。何よりも根性が甘い。何かおぼこくてかわいいが、このままでは、人生を生き抜いていく力が弱くなると考え、この子達を鍛えなければならないという義務感を持った。何でも、五年の時に受け持った教師が、結婚して年度途中に他の府県へ行くので、持ち上がりを拒否したということである。高学年は本来、五年から六年へと二年間持ちあがって、きちんと始末をつけて中学校へ送り出すべきものだと思い込んでいただけに、いろいろ事情はあるとは思ったが、ひどいやっちゃなあとも、勝手に思っていた。

この子達は、初めて男の教師に習ったという男の子も多い。それは、問題ではない。俺も小学校時代、女の先生ばかりが担任であったからだ。根性のない男の教師よりも、「どしょっぽね」のある女の先生が担任の方が、根性のある人間ができる。その点、俺は運が良かった。いい先生方に出会えたからだ。特に五年と六年の担任は、すでに述べたように、卒業後も世話になった、指導力も資質も、最高の方であった。

新六年生を担任して、始業式の後、まず井上靖の『蒼き狼』の話をした。子どもらはお話が好きだった。読書好きだった俺は、これを最初にして、その後も、『天平の甍』や司馬遼太郎の『坂の上の雲』などを語り聞かせた。主に、日本や中国の歴史小説を題材にした、常に頼れるものは自分だけという、根性の大切さがテーマであった。それは、俺の読書における趣味だった。俺の趣味を子ども達に刷り込んだわけである。

授業はこってりやった。あるやんちゃくれは、

「北先生は、尺取虫みたいにゆっくりな授業やな。せやけど、俺には丁度ええわ。よく分かるし、先生、絶対休めへんよってになあ」

ともかく、新任以来二十年以上無遅刻無欠勤無早退を通したのだから。最近「ゆとり」と「充実」等というが、真のゆとりは、二時間かけてやる教材を、少なくとも三時間かけてやることだと考えている。だから、土曜日を休みにして、授業時数を減らすことではないと考える。新幹線授業など、もってのほかである。授業進度は、子どもに合わせるのである。

教師の労働時間云々ならば、非常勤講師をたくさん雇い、土曜日も授業をすればよいのである。「小人閑居して不善を為す」という。子どもには余分なゆとりなど要らない。びっしりやることをやらせ、「よく遊び、よく学ぶ」生活をさせるべきである。

子どもにとっては、遊びも勉強なのだから。スケジュールを隙間なく「知育、得育、体育」に充てるべきなのである。ゆとりが要るのは、教師である。校務と称される雑務や生徒指導で忙殺されるだけでは、教育法の研究も教材研究も出来ない。最近のＰＩＳＡの学力検査結果で、フィンランドが一番ということは、このことを示している。教師を追い詰めるような教育改革とやらは、教師を小人化するだけであり、それを考えつく教育委員会の指導者や官僚の脳みその薄さで、真逆の結果へと進めるだけである。教育現場の周辺整備をしっかりやれば、自ずと良い結果に結び付くのだ。

ただ、教師が小人である場合もある。それは、教員採用の問題だ。小人を教諭に採用してしまえば、何億という税金が無駄になるだけでなく、害は百年どころか、子子孫孫にまで悪弊が及ぶのだ。都道府県と大都市の教育委員会の人事課よ、教員採用の失敗のつけを学校教育課に押し付けないでくれよ。教育委員会にいた時の体験から言えることだ。しまった。また道草を食ってしまった。話を元に戻そう。

初めて持った六年生だ。中学校へ行ってから、小学校は何をしていたんだと言われるのは、我慢できない。それで、できない子どもは、放課後しつこく補習した。夏休みも補習。「根性、根性、ど根性」の世界であった。ちょうど「ど根性ガエル」という漫画が、人気のあった頃である。ある子どもの家庭を訪問したら、玄関の間の柱の上に掛けられた額に、「根性」と力強く毛筆で書いてあった。元気だけで、あまり上

料金受取人払郵便

新宿局承認

2523

差出有効期間
2025年3月
31日まで

(切手不要)

郵便はがき

1 6 0-8 7 9 1

1 4 1

東京都新宿区新宿1－10－1

(株)文芸社

愛読者カード係 行

<table>
<tr><td>お名前《ふりがな》</td><td colspan="3"></td><td>明治 大正
昭和 平成 年生 歳</td></tr>
<tr><td>ご住所《ふりがな》</td><td colspan="3">□□□-□□□□</td><td>性別
男・女</td></tr>
<tr><td>お電話
番 号</td><td>(書籍ご注文の際に必要です)</td><td>ご職業</td><td colspan="2"></td></tr>
<tr><td>E-mail</td><td colspan="4"></td></tr>
<tr><td colspan="3">ご購読雑誌(複数可)</td><td colspan="2">ご購読新聞
新聞</td></tr>
<tr><td colspan="5">最近読んでおもしろかった本や今後、とりあげてほしいテーマをお教えください。</td></tr>
<tr><td colspan="5">ご自分の研究成果や経験、お考え等を出版してみたいというお気持ちはありますか。
ある ない 内容・テーマ( )</td></tr>
<tr><td colspan="5">現在完成した作品をお持ちですか。
ある ない ジャンル・原稿量( )</td></tr>
</table>

書　名							
お買上 書　店	都道 府県	市区 郡	書店名				書店
			ご購入日	年	月	日	

本書をどこでお知りになりましたか?
1.書店店頭　2.知人にすすめられて　3.インターネット(サイト名　　　　　　　　　)
4.DMハガキ　5.広告、記事を見て(新聞、雑誌名　　　　　　　　　　　　　　　)

上の質問に関連して、ご購入の決め手となったのは?
1.タイトル　2.著者　3.内容　4.カバーデザイン　5.帯
その他ご自由にお書きください。
(　　　　　　　　　　　　　　　　　　　　　　　　　　　　　　　　　　　　)

本書についてのご意見、ご感想をお聞かせください。
①内容について

②カバー、タイトル、帯について

弊社Webサイトからもご意見、ご感想をお寄せいただけます。

ご協力ありがとうございました。
※お寄せいただいたご意見、ご感想は新聞広告等で匿名にて使わせていただくことがあります。
※お客様の個人情報は、小社からの連絡のみに使用します。社外に提供することは一切ありません。

■書籍のご注文は、お近くの書店または、ブックサービス(0120-29-9625)、セブンネットショッピング(http://7net.omni7.jp/)にお申し込み下さい。

手とは言えなかったが、俺の教育方針とマッチしていたので、その子に好意が持てた。その日の家庭訪問でも、「根性」を育てることの大切さで、母親と意気投合したし、そのあくる日には、俺の教育方針を聞きつけた父親が早く帰宅し、再度の家庭訪問を要請された。家に行くと、「一緒に夕食を」と請われてしまい、つい「根性」談議に花を咲かせてしまって、その日は、学校に泊まるはめになってしまった。

水泳については、プールで補習の練習、練習、また練習であった。みんな何とかついてきて、だいぶ上手になった。臨海学校でも、練習を厳しくやらせた。海水は塩水なので、体が浮く。遠泳にはありがたい。最後の日には、病気で臨海学校不参加の一名以外は、全員五百メートルを完泳で、厳しい指導をやりぬいた甲斐があった。もっとも、羊の群れのシェパードよろしく、群れの先頭を泳ぎ、時には、後ろに戻って叱咤激励。ふらふらになりながら泳ぎ切った子もいる。中には、朦朧として、沖の方へ泳いでいく子もいた。大慌てで列へ引き戻したりした。全員ゴールに着いた時は、最高のできだったと、全員を誉めた。なぜ泳ぎ切れたのかと、子ども達も一様に感激していた。達成感に酔っている子もいた。「なせばなる」という言葉を、全員でかみしめた。

帰りのバス中で、五百メートル完泳の賞状を、一人ひとりに励ましと賞賛の言葉と共に授与した。全員満面の笑み。参加者全員が泳ぎ切ったのは、我が教え子達だけ。

六学級の中には、泳ぎ切った者が半分以下の学級もあったのだ。もう、うれしくて、うれしくて、本当に感激した。教師はええ（いい）、実にええ。特に六年の担任は最高だ。

授与式後、俺も子どもも、全員熟睡、いや爆睡だった。寝ていないのは、運転手とガイドだけだった。当たり前やなあ。エンジン音以外聞こえない無言のバスが、ひたすら学校をめざして走った。帰宅後、各家庭で臨海学校の話で盛り上がったのは、言うまでもない。

夏休みが終わると、子ども達がたくましくなった。自分に自信ができたようだ。あの、頑張りの五百メートル完泳が、子どもたちを変えたようである。その成果は、秋に出た。

運動会で、組み立て体操をした。四段の塔や最大のピラミッドはじめ高度な技で、一糸乱れぬ統制のとれた団体演技ができた。どの子も、練習には必死についてきた。素晴らしいできであり、演技の要所要所に、我が教え子達を、骨のように配置して、全体のやる気を盛り上げさせた。練習でも、緩んだところへは、壇上から飛び降りてダッシュし、持っていた竹刀を地面に叩きつけるなどの厳しくも激しいパフォーマンスをして、全体の気を引き締めた。ともかくも、最高の出来であった。四段の塔の一番上は、高さが三階の窓に近く、朝礼台の上で指揮する俺を見下ろすような高さである。落ちたら、もう、少々のけがでは済まないのであるが、幸いけがも皆無であった。気が張っていたからであろう。上に立つ池田君は自分が乗っている友達に全幅の信頼を置いている。下の子ども達は、必死で信頼に応えようとしている。痛くとも、辛くとも、必死で耐えている。そんな子ども達のがんばりの限界を読みとって、ぎりぎりのところで降ろさせる。全員のチームワークと信頼、根性が人間の体だけで作る芸術を完成させるのだ。今では、もう不可能なことであるが。

我が教え子達は、勉強でも頑張り出した。学習指導では、子ども達には、常に「自分との戦い」という論理で、満点の百点を連続何回とるかの競争をさせた。十三回連続満点の子が、初めて九十五点をとったとき、全員の前で「油断大敵」ということで、厳しく叱った。それが、かえってその子のプライドを刺激し、いよいよ頑張るようになった。

その一方で、いつも三十点くらいの子が、五十点とった時は、べたほめにほめ、女の子なのに、抱きつかんばかりのジェスチャアで激賞した。どの子もテスト用紙は、励ましの言葉が書かれてまっかっか。

「やりゃ、できるんや」

そんな言い方に、皆ついてきた。思えば、幸せな教師だった。

放課後の勉強会は強制ではなかったが、ほとんどの子ども達が集まった。中に、隣の学級の女の子もいた。「来るものは拒まず」の論語の精神で、同じように鍛えた。この女の子は、まじめで優秀な子で、卒業後教育大学の附属中学校へ進学し、後に教師になった。その子が成人後、結婚式にも呼んでもらい、祝辞を述べさせてもらった。今は、大阪市内の小学校の校長をしている。

その年は、本学級の多くの子が、国立や私立の中学校を受けると言い出した。頑張ったことが、どれほどの成果をあげたのか、自信を持って確かめたかったようだ。同僚教師の中には、「差別の助長だ」と、クレームをつける者もいたが、受けさせるほど力の入った指導もしないで、学力や根性がつくはずがないと、無視した。子ども達には、

「受けても受けなくても、どっちみちいやでも三年後には、高校の受験があるんや。先に経験して、受験て、こんなもんかと知っておいたら、度胸もついて損はない。そのかわりや、落ちてしもうたら、笑って西河内中学校へ行けよ。私学を受けたことでごちゃごちゃ言う奴がいてもほっとけ。そいつらは、受けるだけの根性も学力もないくせに、やっかんで、足引っ張ったろうという亡者みたいにごちゃごちゃ言う卑怯者やからな。ほっとけ。言わせとけ。中学は、三年先が勝負やよってにな」

まあ、こちらもえらい論理である。もっとも、努力もしないし何もようせんくせに、人ががんばってチャレンジすることにごちゃごちゃいちゃもんをつけるいやらしい根

性の人間は、教師の社会にもなぜか大勢いた。情けない連中である。実力と責任が、正当に評価される精神的風土にない、わが国の社会環境がなせる業であろうか。いや、本校だけの特異な傾向なのだろうか。いやいや、この市の教育界のいやらしさだろうか。何度もほぞをかまされてきただけに、実感がある。

十一月頃、学年主任がバイクで転倒し、入院した。時期が時期だけに、学級専任の代替の講師も、すぐにはない。やむを得ず、授業時数の少ない低学年の教師に、助けてほしいと、管理職を通して職員会議の席で、学年としてお願いしてみたが、

「私ら低学年教師を馬鹿にしている」

とかの理由で、低学年の主任に拒否された。低学年の授業時数が少ないことに付け込まないでということらしい。授業時数が少ないからといっても、しんどいねんでという主張である。ちょっと待てや。高学年の俺達が、六時間目の授業にかかっているときに、空いた小部屋で、学年会と称して、お茶の時間にして、せんべいやお菓子をほおばっているのは、誰やねん。この時の思いが、後年校長になった時、担任学年のローテーション制を持ちこんだ遠因である。

赴任先も職種（学年）も、いつも同じ人に同じセクションという教師の社会は、実に変だ。人事が、希望制で、管理職が決められないと言うのは、他の公務員や民間企業では、考えられないことである。高校や中学校の同窓会で集まった時、府庁や銀行

等に勤めている同級生から、「おかしい」と、盛んに言われた。

教師の免許証は、高学年の担任は除くという規定はない。オートマチック車限定の運転免許証じゃあるまいし、高学年向きや低学年専門等という教師があるはずがない。第一、どの学年を担任しても、教師という仕事に変わりがないはずであるし、給料も同じであるのに、まるで権利のように担任学年の希望を出すなんていうのは、おかしいものだ。そのために、主に高学年の学年担任が決まらないことも、多々ある。だから、新年度に入るまでに決まるのは、新一年生担任だけであることが、多い。年度末、春休みに、管理職があちこち電話をかけ倒して頼みこむことも少なくない。中には、電話がかかっても出ようとしない教師もいたという。まさしく、「学校の常識、世間の非常識」である。

そういえば俺が青年教師でいた当時、赴任先の学校も希望制で、希望しない学校には、原則として赴任させられないとのことなのだ。これでは人事が滞って、たまり水のように腐るのではないかと、思われた。学校には二種類あり、一つは「出型校」で、あと一つは「入り型校」であった。いわゆるええ学校で、教師が着任したがる学校が「入り型校」であり、反対に、多くの教師が離任したい、いわゆるええ学校へ移りたいと言われる学校が、「出型校」と言われる学校であった。出型校で転勤できず、同一校で三十年間勤続という教師もいたし、「入り型校」で転勤を拒否し続ける教師もいた。そこで後には、教育委員会が強権を以て、着任後何年かで転勤させるというルールができたが、なかなか難しい問題を抱えているようだった。いっそ、高学年を担任する者や、いわゆる厳しい状況の学校へ赴任する者には、特別給を出すということが、いいのではないかと、思うのである。皆同じで皆いいという悪い意味の平等主義は、何かおかしい。子どもの為にという視点が感じられず、教師の都合で学校が振り回され、管理職が難儀する構図は、俺も校長時代味わった。

そう言えばこの時代、教師達は、違いを付けることを極端に忌避しているような状況にあった。例えば、ある小学校の話である。かけっこで一斉にスタートさせると、ゴール手前一メートル程で、先についた子らは足踏みする。最後に来た子が追いついてそろうと、一斉にゴール。何か変だ。

世の中に出たら、いやでも競争があるし、中学校に行ったら、徹底して序列化されるという現実があるのにで、ある。現実に目をつむらせて、どないするのだろうか。ライオンなどに追われるダチョウは、頭が入る程度の穴に頭を突っ込んで、それで逃げたつもりになるということだが、万物の霊長も、あまり変わらないということだ。教師は、受け持つ子どもが変わっても、ドグマに浸れる架空の夢世界におれるのだからそれでいいだろうが、温室からいきなり現実の荒野に放り出される子どもらは、どうなるのだ。まさしく、「学校の常識、世間の非常識」としか言えないであろう（何度同じフレーズなのだ)。もっとも、それが学校の現実だ。少し回り道しすぎたようだ。もとの話にもどそう。どうも俺は回り道が多いし、くどい。

ま、ともかく、やむを得ないので、我が学年の残った他の担任で、教科を分け持つこととした。俺のパートは、社会科だった。六年生のこの時期は、歴史である。時期的に明治・大正時代に進んでいなくてはならないが、びっくりした。平安時代、平清盛がすんだところらしい。それに、勉強を進める態勢ではない。教科書もノートも出していないし、チャイムが鳴ってもしゃべっている。国立・私学受験どころの騒ぎではない。

「なんのために俺のクラスに自習させて、こんがきらの補習に入ってんねや」

怒髪天を突いた。最初の時間、どやしつけた。その後は、鎌倉時代、室町時代、安土桃山を各一時間ですっ飛ばした。江戸時代だけは、前後に分けて、二時間扱いにした。発問やお話もなし。ひたすら要点の説明だけで、教材をすっ飛ばした。担任が体育主任なので、授業をやめて体育倉庫の整理作業をさせて、その間授業がなかったと、後で俺の学級の子どもから聞いた。

「あいつら、授業がないといって、喜んでたでぇ」

と言う。まさしく、藤山寛美とかいう喜劇役者の著書『あほかいな』である。中身は、大いに違うが。

そういえば、我が大学時代、休講になったといって喜ぶ連中がいたが、「あほか」と思ったことがある。こちらは、浪人する余裕も、留年する余裕もないのに、なんちゅうやつらかと、腹が立った思いをしたことがある。学園紛争で大学が封鎖された時も、俺は、バリケードにして積んであったいすや机を乗り越えて学内に入り、同じくバリケードを乗り越えた教授の授業を受けたことがある。無遅刻・無早退・無欠席の実績は、この時もぽしゃらなかった。もちろん、教員になってからも、全く休暇と言うものをとったことがなかった。おもしろくない人生やろうと言われたことがあるが、教職というものが、ある種のスリルもあるし、毎日が新鮮で、生き生きとしておもしろいと、心底思っていたから、「ほっとけ」の世界であった。

そういえば、休んだ学年主任は、俺が初任者の時に、理不尽にも音楽会の出場を押し付けた当事者なので、本音で言えば、

「なんでこんな奴の補習せなあかんねんや」

と、いうところである。

「あんた、もう、来るな。俺のクラスと合同で授業したるわ。子どもらかわいそうや」

と、心底思った。二十八年も同じ学校にいて、害悪だけたれ流ししやがってと、憤懣を一杯もっていた。何か俺の話には、二十八という数字がよく出てくるものだ。まあ、憤懣は、この後も何回も経験させられた。なんせ、狭い社会だ、教育界というの

は。もっとも、そんな狭い、けったいな社会へ飛び込んだのは、俺なのだが。

まあともかく、若い頃の楽しい教育界の月日は、矢のように過ぎていった。その間に長男ができ、やがて長女も生まれ、一男一女の父親になった。でも、やはり学校にも熱中していた。妻の要望もあり、妻の実家のすぐ傍に自宅を買って引っ越し、妻子は妻の実家でお世話になった。妻の実家は子どもがいないので、義母も義兄夫婦も、我が子のようにかわいがってくれたので、甘えっぱなしでいた。まったく、誰の子やねんと、いいたい。もっとも、それなりに気を使うこともあったが、そこはそれ、妻がうまいことやっていてくれた。生活や人情の機微での小知恵のきく女房にも恵まれ、一人前に子宝にも恵まれ、文句を言う筋合いもなかった。もっとも、妻の実家に何でも頼っていたので、我が母が、

「養子にやったんとちがうで」

と、おかんむりであったが、そこは頬かむりさせてもらった。

翌年は、校長の指示で五年生を持ち、同じように熱中時代を過ごした。まだ体力と気力の限界は感じられなかった。それに、周辺部の学校でも私学志向が出てきて、PTAの役員を続けてやっているお歴々の意向も、校長にとって圧力になったのかもしれない。何せ、男の先生に習うことが当たりで、女の先生に担任されるのは、はずれと言われた時代である。体力と気力で子どもを引きずりまわす教師が少なかったので、

俺のようなタイプの教師は希少価値があり、我が子を預ける教育界に希望を失ってい
る親達にとって、闇夜の蠟燭の灯火のようなものだったのであろう。ともあれ俺は、
新任時代と同じままに成長が止まっていたのかもしれない。マンネリが親の求める熱
中教師だったからかもしれない。今の教え子の先輩達、つまり前年度までの教え子達
が、
「北先生はおもろいで。おもろい話を一杯してくれるし、勉強も熱心？に教えてくれ
たし、勉強もよくわかるしな。とにかく、楽しく過ごせたしな。第一休まへんよって
にな」
　と、内内で申し送っていたようである。
　学年最初の参観日は、体育にした。体育館で跳び箱の指導である。子どもらには、
びしっと三角すわり（膝をそろえて尻をついて座らせる、体育指導時の座学の姿勢）
をさせ、簡潔に注意点を指導し、その後模範を実技で示した。それを見て、親達が
びっくりしていた。少々得意な思いができた。
　我が教え子たちの中に、母親が小学校の教師という方がいた。自分も五年生の担任
だということであった。その同業者が近づいてきて、
「うらやましいですわねえ。私ら、とてもまねできませんわ」
　と、言った。当たり前や、それが俺の売りやからなあと思った。

その後も、参観日に運動場でサッカーやハードルの模範演技をした。音楽も参観授業で行なった。得意の曲をピアノで弾いたり、合奏や合唱の指揮をしたりした。おそれも知らないで、何でも率先垂範して、模範を見せた。地域では知られた文武両道の名門公立高校出身、かつ、新任の時、連合音楽会に出た時の苦労が、生きたのだ。教えてくださった先生方のお陰である。もちろん、社会科でも算数でも、はたまた道徳でも、参観授業を見せ付けたと言っていいだろう。

そうこうしているうちに、また臨海学校の時期がきた。楽しい楽しい臨海学校だ。

その年は、ちょっと違った。児童数、学級数が増え、今までの宿舎では全員の収容はできないということで、新たに民宿を借りることになった。八畳の間四つで構成された、田の字型の広間を仕切ったようなその民家には、なぜか我が学級だけが入ることになった。理由は忘れたが、例の体育主任の一声だったそうである。理不尽なものだ。去年のけがが治って出てこなくてもいいのに、また害悪だけ垂れ流しに来られたのだ。ほんまにもう。よりによって、またあのお方と同学年とは。

臨海学校は、体育行事なので、体育主任が采配するのが当然とのことであった。本部の宿舎と同じ宿泊費なら、それに代わるメリットを用意するのが、ケインズの法則ならぬ合理主義の法則だ。

うちの学級は男子が少ない学級で、男子十三人全員が、二間計十六畳で寝る。女子は二つの班十二名が、他の二間十六畳に寝る。残りの班は、本部のある宿舎で、他の教員が担任となった。本部のある宿舎組は、護ってくれるべき担任がいず、きびしい指導の下、本当に泣きの涙だったという。

「なんで俺の組だけそうなるねん」

と、つらい思いがした。

さて、ともかく入った宿舎の民家は、夏なので、風通しを良くするために、表側のふすまは、取っ払ってある。陸風も、海風も、座敷を吹き抜けていく。涼しくて快適だが、男の部屋も、女子の部屋もお見通しである。布団を並べると、男子の布団の端と、女子の布団の端との距離は、布団一枚分ちょっとしかない。仕方がないので、男部屋と女部屋の境の敷居の上に我が布団を敷く。一応、安全上、奥の方の部屋に女子が寝る。外に近い縁側に、一緒に泊まってくれる若い男子教員が寝る。男子は涼しいが、女子は少し暑苦しいだろう。安全のためには仕方がないと、よく言い聞かせたし、納得もしてくれた。もっとも問題は、女子への説得の話し方だった。

「君達は三Kやからなあ。きれいしかわいいし、賢いからなあ。そんなに魅力的な女の子ばかりやから、悪い奴らにねらわれる怖さもあるんや。ブスに産んでもらってたら、そんな心配はせんでもええねんけどなあ。恨むんやったら、きれいでかわいく産んでくれたお母さんを恨むんやなあ」

とんでもない言い方で、今なら、いや、当時でも問題発言だが、女の子達は、大した不満げもなく、納得してくれた。

水泳学習の前後の着替えの時は、ふすまを閉めた。女の子はきゃあきゃあと騒がしく着替えていた。男子は静かでおとなしい。隙間から覗こうなどという不心得者の男子は、皆無である。入学以来、男子が極端に少ない学年だったので、女子の数のパワーに押さえつけられていたのかもしれない。むしろ、女子の方で覗く者がいる。それで、気づいた時は、ふすまを急に開けて、現行犯の女子をこっぴどく叱った。もっとも、奥のほうでまだ着替え中の女子がいて、向こう向きではあったが、素っ裸の子もいた。今なら、セクハラ教師で訴えられていただろう。

それにしても、本部は、暑苦しいだろうなあ。当時はエアコンなどないし、夜は戸を閉め切りであったからだ。それに比べて、我が宿舎は本当に快適であった。まさしく自由と解放の世界であった。一緒に寝起きし、監督してくれていた付き添いの新任の教員には、ここでのことは一切言わないように、緘口令を敷いた。もちろん、受益者の子ども達は、絶対言わないだろう。それで、夜十時までは、男女団体で交流してもいいことにした。男子の部屋でトランプをする子ども達、寝転がって話の弾む子ども達。皆楽しそうだった。男の子も女の子も、和気藹々とした、本当に楽しそうな雰囲気であった。

ただ、宿舎は田舎の民家なので、便所は一つだった。入り口の戸を開ければ、男子の小便器、奥が大便用。間には薄い戸板一枚。もちろん、水洗ではない。男女同時使用は、したくない。当然、女子は奥しか使えない。でも、子ども達は問題なかった。何よりも、男の子らは紳士だった。女の子が用便中は、絶対中へ入らない。外で待っている。もっとも、家の周りは松林で、誰もいないと男子達は、砂浜や草むら、松の根っ子に放尿する。その程度のことは、ま、いいか。

俺は、本部から遠く、誰も干渉しないことをいいことに、我が子ども達を信頼して、色々とまかせることができた。管理とかしばりとは無縁の、極めて自由な雰囲気で、子ども達はその解放感を楽しんでいたし、喜んでもいた。我が学級の少人数の集団では、子どもは性善説が似合う。信頼は、任せることにある。自由にさせられると、かえって悪いことはできないようである。お互いの黙契といっても良いかもしれない。

しかし、本部宿舎に泊まっていた残りの女子は、他の学級の子ども達と同じく、厳重な監視下に置かれていたようである。我が学級の子らを任された女子教員は、同性に対しては、格別厳しかったことにもよるようである。臨海学校から帰ってからも、卒業するまで、折に触れて、本部組の女子達は、文句を言いつづけた。我が宿舎の子達は、一切そこでの生活ぶりは話すことはなかった。裏では分からないが。

ところで、本部からはだれも来ない。なにしろ、本部の宿屋の建物から五十メートルは離れているので、何かと不便だと言うことらしい。それに、田舎の夜道は暗い。我が学級の子ども達の泊まっていた建物は、古い民家で、座敷と縁側、土間の台所、それに田舎風の五右衛門風呂と、いわゆるぽっとん便所。十二人の女子は、付き添いの新米教師の引率で、本建築の本部宿舎旅館の風呂まで入りに行く。もっとも、二日目の夜は、男の子が本部宿舎まで風呂に行き、女子が宿舎の民家の風呂に入ったのである。珍しい五右衛門風呂に自分達も入りたいとの、たっての希望があったからである。ただ、外から見えるかもしれないということで、何人かの恥ずかしがり屋の女の子は、水着で入ったとのことである。混浴じゃあるまいし、ガキのくせして、何がはずかしいんじゃと思った。人数が少ないので、風呂は小さくても、入浴時間の制限はしなかった。中できゃあきゃあと嬌声を上げて楽しんでいた。今なら、そんなことは、できないだろうと思った。

我が学級の子ども達が入居している宿舎に配置されるのは、全女性教師が拒否したようで、一切来なかった。それで、俺と新米の男の教師だけが、その離れ宿舎の担当になったのである。女子児童もいるのに女子教員の管理者がいないことは、今なら問題になるだろうか。

その民宿は、ごく普通の田舎の農家というような民家の建物で、土間の台所にへっついさん（かまど）があり、農家のおばあちゃんといえる方が、薪でご飯を炊いてくれた。薪で炊いた飯はうまく、子どもたちは、喜んで食べた。おかずも、主なものは本宿舎から同じ献立のものが届けられたようだが、つけものと味噌汁は、おばあちゃんが作ってくれたし、おばあちゃんの息子さんが、半農半漁の家で、何かと差し入れもしてくださった。圧巻は、ぴちぴちの魚料理であった。焼いても、煮てもうまかった。俺と新米教員は、刺身で食べた。さすが、海辺だ。新鮮さは抜群であった。最高のおかずだ。本部のおかずは、ほとんど冷凍食品だったという。

自分達の学級だけで過ごすのであるから、水泳の合同指導の時間以外は、実にのんびりしたものであった。決まりは法三章。ただの三つ。危ないことはするな。人の迷惑になることはするな。先生や班長の言うことは聞け。その他のことは自由。他の民家から離れたような一軒家なので、少々騒いでも結構という具合だった。

海岸の松林で、拾った松ぼっくりを、拾った棒をバット代わりにして、海に向かって打つ子どもたちもいれば、座敷に寝っ転がってだべる子ども達もいる。てんでばらばらだが、法三章はまあ、きちんと守られて、それなりに秩序があった。しかし、件の体育主任などがみたら、そりゃ大変だっただろう。どうなるか、想像もできなかった。

食事ができると、食事担当の佐藤君を中心に、さっさと準備をする。班ごとに直径一メートルほどの丸いお膳を囲んで、ご飯は、好きなだけ勝手によそって食べる。気の利いた女の子が、ご飯をよそうこともある。おかずは、アツアツの焼き魚や煮魚。すでに述べたように、ぴちぴちの魚を使うものだから、これがまあ、うまいのなんのって。残す子はいなかった。大阪のように、冷凍の魚や古くなってうまくない魚しか食べていなかった子ども達にとって、新鮮でうまい魚や、つけあわせの新鮮な野菜は、本当にうまいものだ。おばあちゃんの心づくしでもある。本部にいる子らは、本当にかわいそうだった。

後片付けも、佐藤君を中核に手際よくやってくれる。何ら指導は要らなかった。いい子ども達だ。おばあちゃんちの薪で炊く飯は、本当にうまい。米も、昨年度に取れた、おばあちゃんちの自家米だと言うことである。ガスや電気釜など機械が自動で炊いたご飯しか知らない者には、米ってうまいものだなと、改めて知るのである。もちろん、米は新米、漬物も梅干も味噌も自家製、おばあちゃんの手作り。

手作りの味噌で作ったおばあちゃんの味噌汁は、畑でとってきたばかりの夏野菜の具もたくさん入っていて、天下一品、本当にうまいものであった。出汁はとれたての魚のアラ。もちろん、具の中にはとれたての魚の身。

我が学級の教え子達は、本当にいい体験をしたものである。井戸水を汲んで運ぶのも手伝い、おやつに甘いサツマイモをふかしてもらって、皆で食べた。もちろん、自家製のとれたてのスイカを井戸で冷やし、好きなだけ食べさせてもらった。トマトやトウモロコシも、新鮮だった。なすびやきゅうりは、さっと前の浜辺のきれいな海水で洗って、その塩味だけでかじった。どの子も、うまそうに食べていた。全て、おばあちゃんが配慮してくれたのだ。おばあちゃんも、都会にいる孫のように思ってくれていたようだ。この臨海学校が終わっての帰校後、子ども達の感謝の気持ちをこめて書いた手紙と一緒に、ポケットマネーで大阪のものを買い、このおばあちゃんに送った。

臨海学校二日目のある時、校長がのぞきに来られた。それに気づいた子ども達が、校長先生を招きあげて、その日の献立のカレーをよそって、一緒に食べた。夜の会も、子どもたちの安全確保という大義名分で本部へ行かないし、水泳指導の時も、他の学級の子どもらに比べて、我が教え子達がリラックスしすぎているので、どんな指導をしているのか、心配になって様子を見に来られたようである。夜、子ども達曰く。

「先生、あのな、校長先生、暗いところから急に出てきたので、ゴリラかと思ったでえ」

確かに似ている。そういえば、岩見重太郎のヒヒ退治で有名な観光地が、このすぐ近くであることを思い出した。

「あんたら、そのヒヒを軽くあしらったやないか」

と、言いたかったが、その言葉を飲み込んで、

「素直な目しとるなあ、この子らは」

と、ひそかにほくそえんだ。

この年の臨海学校では、ちょっと怖いことがあったことを覚えている。二日目の夜は、肝試しをするのである。まず、出発点の神社の鳥居の前で、怖い話を教頭がする。それを聞いてから、三人ずつのグループで、森や田んぼの中の道を通り、最後に、反対側から神社の奥に向かって歩いていき、神社の奥にあるお堂の前に置いてあるカードをとってくるのである。

その日の夕方、校長が聞いた。

「北君、君は亡霊を信じるか」

「いえ、信じません」

「そうか、ほんなら、ポイント三へ立ってくれへんか」

「はい、わかりました。無人踏切のところですね。線路の方へ行かないように誘導すれば、いいのですね。そう指導します」

校長との変な会話の後、校長から指示された、ポイント三の無人踏切で、線路を背にして、踏切の道の傍に立った。実は、本部では、誰もこの場所に立とうとしなかったのだ。というのは、前日の夜、男の人がその踏切で、列車に飛び込んで死んだとのことだったからである。本部へ行かないのだから、付き添い教員の間で、どんなことが話題になっているのか、かいもく情報が入らないのである。なんとか蛇に怖じずとか、まるっきり気にもせず、意識もしないで、踏切に立っていた。

　子どもがまだ来ないので、踏切を背に立ち、人里の方を見ていた。頭上には、紺色のかかったような漆黒の闇の中に満天の星が瞬き、天の川がうねるように見える。地上の暗闇には、所々人家の明かりと、点点と頼りなげな街灯の明かりが見えていた。静かな夜だ。黒々とした鎮守の森の辺りには、ホタルの光が、淡くついたり消えたりしていた。やっぱり田舎はいいなあ、と感傷に浸っていたら、にぎやかな群れが近づいてくる。子ども達だ。怖いから、わざとにぎやかにしているのであろう。

　そのとき、突然背後からまぶしい光が当たった。踏切のあたりは、周りより少し高く盛土がしてあるので、線路の反対側から来る自動車のヘッドライトが、突然上向きに見え、まぶしく目に入るのである。振り返りながら、その逆光のまぶしい光を見据えたところ、光芒の中に、ちらっと男の人らしい影が、見えたように思えた。気のせいかなと思いながら子どもたちの方を見て、踏切を渡らずに、道を横切って、神社の方へ行くように指示した。ところが、その子どもたちは動かない。踏切を渡った自動車が、子どもたちの横を通り過ぎていく。ヘッドライトの強い光がなくなってすぐ、無人踏切の信号機が鳴り出した。その音に負けない声で、

「どうしたんや。ゴールの神社は向こうやで」

と指示したところ、子どもたちは、怪訝な顔をして、俺に向かって口々に言った。

「先生、今自動車の明かりの中でな、先生の横に、だれか男の人の影が見えたでえ」

「あれえ、ここには先生しかおらへんでえ」

「変やなあ。確かに男の人やと思うねんけど、影が見えたんやけどなあ。なあ、そやろ」

向こうの方から近づいてきたディーゼルカーが、特有のけたたましい機械音を出しながら、踏切を通過して行った。ところどころに乗客の影が見える明るい窓の光の帯が、流れるように通り過ぎて行った。無人踏切の警報機の音がやかましい。

「先生、見てみ。踏切の向こうの方に、誰か立って、電車の通り過ぎんの待ってるみたいやで。線路と車体の間の隙間から、足が見えてるでえ」

「へえ、そうかあ」

と、振り返った瞬間、列車は通り過ぎた。ぼんやりと薄暗い踏切の向こう側には、何もなかった。隠れるところもない。まあ、子どもたちは、

「幽霊の正体見たり、枯れ尾花」

といったところだろう。怖い怖いと思ってみれば、何でも怖く目に映るものだ。子ども達に言ってやった。

「皆どっちみち幽霊になるんや。百年たったら、誰でも幽霊になるんや。そんな時ま

で生きていたら、それこそ化け物や。せやから、死んだ人間なんて、怖がることないでぇ」

子ども達は、やはり怪訝な顔をしたまま、きびすを返して、ゴールの神社の方へ、何か話し合いながら歩いて行った。

その何年か前の林間学校のとき、確か高野山だったたと思うが、宿舎の、教師の控え室にある白黒テレビの前に、教師全員がかじりついていたことがある。そのときは、アポロ十一号だったたか、アメリカの宇宙船が、月に着陸するのを、リアルタイムで中継していたのだ。まさしく歴史的瞬間だったのだが、それから何年か経ったこの年の子ども達にとっては、自分たちの体験した事象が、幼稚園時代のテレビ中継のニュースよりももっとインパクトが強く、すごくサプライズなものであったようである。

宿に帰り着いて、件の踏切での「怪奇現象」を触れ回った連中がいたという。その後なぜか先生方の俺を見る目が変わったようである。俺は、ずっと後に、同窓会で子ども達に教えてもらうまで、まるっきり気づかなかった。不気味な変人という評判は、本人が知らないところで、大増殖していたわけである。俺自身は、合理的な説明を子ども達にしたと思うのだが。

その後、たいしたこともなく、その子達は卒業し、翌年、初めて一年生を受け持った。高学年ばかりを受け持っていた俺は、いろいろと戸惑ったが、ベテランの女性教員が、色々とアドバイスしてくれたりして、なんとか二年生まで持ち上がることが、できた。もちろん、俺自身も勉強熱心で、授業中わからなくなると、隣のベテラン教師の学級の指導を盗み見して、自分の学級でもやるようにした。教師を読者とする教育雑誌で指導法を研究したりした。休憩時間は、悪さ坊主の一人を肩車し、腰のあたりに抱きついてくる二人か三人の子どもを引きずって、運動場から引き上げていた。やることなすこと体力勝負で、何かと話題になったようである。その子達が、三年になってクラス替えするときに、転勤することになった。賑やかな、そしてありがたい離任式だった。

転勤して、しばらくしてから、歓送迎会があった。その歓送迎会の時、酒をつぎに来た先輩や同輩が、

「臨海学校、困るやないか」

口々に文句を言った。

「俺は、臨海学校だけの要員と違うやろ」

と、一言文句を言いたかったが、やめた。確かに、女子教員が増え、男子教員の主たるメンバーが高齢化していけば、臨海学校はしんどくなる。俺自身も、臨海学校を楽しんでいただけに、この転勤は残念であった。というのは、転勤先の学校にはプールがなく、臨海学校もなかったからである。

転勤した和貴小学校は、駅から歩いて五分の便利な学校で、校区に市役所のある、いわゆる中心校で、典型的な「入り型校」であった。つまり、毎年教員の転入希望者が多く、校区もほとんどが住宅地で、住民もハイレベルと言われていたし、子ども達も親もおとなしく、問題も起こらない学校であった。教員にとっての魅力は、何よりも、夏休みのプール当番がなかったことである。地価が高く、校地もせまく、プールを造れば、ただでさえ狭い運動場が、一層せまくなるからでもある。もっとも、プールがないということは、それだけでも、転入希望者をひきつける魅力であったのだ。プールならば、臨海学校は必要であると思うが、なぜか、なかった。あれやこれやひっくるめて、何年もその学校への転出希望を出し続けてもかなえられなかったある年配の教員には、えんえんといやみを言われた。酒の席とはいえ、どうもいやだった。

第二章　転勤、そして第二ラウンドへ

次に所属したのは、市の中心部にある和貴小学校であった。雰囲気がまるっきり違う。住宅街のほぼ中心にあって、田んぼも畑もなく、メインストリートには、商店街や銀行などがずらりと並んでいて、市役所や大学まで校区にあった。俺の実家から、直線距離で三百メートルもない。もともと、俺の母校から分離した学校で、校区には、親戚もごろごろいた。ご先祖様は、この校区に住んだ草分け百姓で、代代小庄屋を勤め、名字帯刀を許された、由緒ある家系だということを、祖母から自慢話に聞かされていた。

祖母によると、祖母の母親の、そのまた母親が、江戸時代末期に、大阪の商家に嫁いだ際に、婚儀の行列が延々と続き、たんすや長持ちといった嫁入り道具に囲まれ、立派な駕籠に揺られ、長持ち歌が流れる中、静静と麦畑の中を、うねるように進んだとのことである。それが祖母の自慢話の中核であった。ひょっとすると、この街に着任したのは、祖母の因縁によるのではないかとさえ、思えたのである。

この街は、俺のルーツそのものだった。しかし、秘密にしていた。後に、色々とありがたい支援が寄せられ、地元出身の強さの真価が発揮されたのであるが。

多弁を弄さなくとも、地域の知っているところを最初に会う人々に言うと、大変喜ばれた。話が弾むからである。独特のイントネーションで同じ街の人間と分かると、気安さが先に出るのか、地の言葉の魔力か、いろいろと便利であった。エピソードの例をいくつか言おう。

転勤してほぼ一カ月後の日曜日、実家で法事があった。その時、ひまな時間帯に勤務校へ行き、運動場で教室のゴミを運んでいた。そのとき、塀を乗り越えて男の人が入ってきた。本来、警備員に断って入校しなければならないので注意した。その人曰く。

「来週に社会体育のソフトボール交流試合があるので、下見に来た。あかんか」

「決まりですから、警備員に声をかけてください。それに、塀を乗り越えるのは、やめてください」

と言うと、

「ここは、地元のもんが使うところや。あんたら教師のように、他所から来て二年や三年で、また他所へ行くのとちゃうねん。俺たちの学校の運動場やよってに、いつも使い終わったら、とんぼかけてきれいにしとるんや。学校の教師とんぼかけてへんからな」

「お宅、いつからここにいたはりますねん」と、俺。

「三十年や」

「たった三十年でっか。おたく、ここの松本という家知ってまっか」

「よう知ってるがな。それがどないしたんや」

「あそこ、わいの母親の出里だんね。まあ、六百年はたってまっしゃろ。お宅より古いのんとちゃいまっか」

つけもんやあるまいし、古ければええもんちゃうでと思った。険悪な空気になった。

そのとき、警備員室の方から若いのが走ってきた。

「おうい、岡本さん、どないしましてん。……あれ、北やないか」

「あれ、和田やないか。なんでここにいてんねん」

「あそこのマンションに住んでんねん。うちの息子に聞いたら、担任は北先生やというこっちゃ。まさか、うちの坊主の担任やとは思わへんかったなあ。まあ、よろしう頼むわ。やんちゃやよってな。ほんで、来週の同窓会、行ってくれるか」

「ああ、いくいく」

それ以来、岡本さんや地元の社会体育の主だった方々と仲良くなり、一緒に一杯お付き合いする仲間になった。

PTA会長は代代の庄屋筋、副会長は我が実家北工業がお得意になる金物屋。役員の中には、小・中学校時代の先輩や同窓生がごろごろ。これが、後にわが身を助けることになった。

さて、学校のことがまだだった。

まず、校長は、とても個性的なお方だった。親父と同じ大正のイノシシ年の生まれ。いわゆる「必殺遊び人」。囲碁、将棋、パチンコ、マージャン、遊びは何でも大好き。酒は、種類は問わない。ビール、ウイスキー、日本酒、果ては焼酎、ワイン、ブランデーに紹興酒。それこそ、何でも来いの方だった。さらには、競輪、競馬等賭け事も何でもござれの方で、戦争に駆り出され、兵隊に行った先で、まさしく九死に一生を得て復員した時、せっかく生き残ったのだから、死んでいった戦友達の供養のためにも、戦友達の分も、人生を楽しもうと思われたとのことである。

そんな校長との野郎会（男子の歓送迎会）の時の酒宴での会話。

「北君、酒もたばこもやらんようだが、君の趣味は何や」

「はい、読書やハイキング、小旅行ですね」

「競輪や競馬はどうや」

「したことはありません」

「パチンコやマージャンはどやねん」

「全然知りません」

「ほな、これか」と、校長は小指を立てた。

「何です、それは」

「これも知らんのんか。君なあ、男の楽しみ何にも知らんのんかいな」

と校長は、何か珍しいものでも見るように、俺の顔をまじまじと眺めているように思えた。ほっといてくれと思った。まさか、日曜日、たまに前の学校の子ども達を連れて、親も交えてハイキングに行っているとも言えなかった。

この時期、他校、それもすぐお隣の学校の教員が、私設の同窓会をしていて、子どもが電車にはねられるという事故があったために、その種の行事は、ご法度になった。それ以来、通達文が出て、学校行事以外で、児童を学校外へ連れ出してはいけないことになった。校長としても、管理責任が問われ、困るからである。自然、俺もやりにくくなり、親も遠慮するようになり、教え子が、高校生以上でなければ、同窓会もできなくなってしまっていた。家内の忠告も厳しくなっていた。それに、息子が大きくなり、父親として、息子を連れて行く機会が増えたこともある。この、ちょっと前には、教え子の同窓会に幼児の息子を連れて行き、お守りをさせた。結構かわいがられていたようだ。特に、高校生になった女子達にかわいがられたことが、幼心で、すごく印象に残ったとのことである。やっぱり、男の子だ。

転任した学校での夏休みは、ひまだった。プール当番もないし、子ども達も、校内にいなかった。暑いので、子ども達は、エアコンの効いた自分の家でテレビを見たり、当時出始めていたゲーム機で遊んでいたりしていた。

　多くの子は親に連れられて田舎へ帰省したり、旅行に行ったりしていた。家族愛に恵まれた子が多い学校であったといえよう。そのため俺も、家族旅行をしたり、息子と二人で白浜のワールドサファリへ行ったり、家族で遊園地のプールへ出かけたりした。特に、息子が小さい時、あるいは、娘が満二歳になっていなかった時は、自家用車でのお出かけが多くなっていたし、家族サービスも一人前にしていた。運転が苦にならず、マイカーライフの魅力にはまっていた。信州や伊豆、北陸地方、中国地方と、長期の休みには、家族揃って車で旅行した。電車などに比べて、本当に便利であったからである。特に、オムツやおやつなどの荷物を持ち運ぶ煩わしさがないのが、よかった。

　転勤した最初の夏休み、男子教員だけの会で、「研修会」があった。場所は、南紀の椿温泉だった。何でも、教頭の義兄が社長で、そこに別荘としてのマンションを所有していたので、そこを借りて、男の教職員を引き連れて、校長のおごりで合宿したのである。椿温泉は、白浜に比べて静かであった。そこで二日間研修会をしたのである。もっとも、研修といっても、実は親睦中心で、昼は釣りやゴルフ、夜はマージャン、囲碁、将棋などである。

夕食が、おもしろい。当然、自炊である。当然かどうかはともかく、買い出しは、俺も含んで、若いのが二人。近所の魚屋で、跳ね回る鯛の刺身と焼肉。山盛りのサラダ。ご飯は握り飯にして、海苔をまいてマージャンの時の夜食。缶詰や即席のラーメン。作るのは、俺。マージャンができないのだから、仕方がない。もっとも、料理が嫌いじゃないから、結構楽しんでいたし、重宝もしてもらい、まあ、悪い気はしなかった。そして、マージャンが終わると、その後は、ごろ寝である。楽しい、楽しい研修会、いや親睦会であった。

二日目、あっという間に帰る時刻となった。海苔で握り飯を巻いて、「爆弾」と、校長が命名していた昼食を準備した。手際の良さに、全員感心していた。どうも、学生時代から、裏方の便利屋で、重宝される境遇のようである。同窓会や職員の親睦会で、マージャン、自炊、コンパ、旅行などで、いつも世話役をしていたのが、役に立ったのである。

二年目のこの年、前任の必殺遊び人の校長がいわゆる周辺校へ転勤して、教育委員会から新たに校長が着任した。また、教頭も他校の校長に栄転して、管理職が二人とも変わった。新しい教頭は、本校に長年いる最古参教諭だった人である。なんでも、教頭選考の面接時、管理職が全て転出したので、本校のことを最もよく知っている人に番頭役、つまり赤田先生に本校の教頭をしてもらうと、面接官の教職員課長に言わ

れたという。それで、どなたが校長に来られるのかと、恐る恐る聞いたところ、この面接官曰く、

「私が、いきます」

なにしろ、この年、長くいた男子教員らが、管理職となって栄転していったのである。それで、新教頭にと言われたとか。その赤田新教頭に言われた。

「君だけが、頼りなんやで。頼むわ、支えてや、北君」

なんか、この年のはじめは、かなり忙しかった。それが一段落した頃、全体の親睦会に引き続いて、男子の会の歓送迎会が、行われた。この時、前任の管理職は、二人とも参加できなかった。なんでも、それぞれの着任先のＰＴＡの懇親会と完全にバッティングしたからだそうである。ま、管理職でも、転勤したばかりなら、途中で抜けてくることも難しいのだろうと、俺は思っていたが、前任の校長が、周辺校へいわゆる「飛ばされた」人事で、教職員課長のいやらしい所業と考えていたとかいうことである。後で、前任の校長にプライベートに聞いたのであるが、前任校長は、校長会の会長もしていたほどの古参で実力者だったので、教職員課の次長級や主担者らを集めて、「こんな人事をしてたらあかんで」と説教して、後はきれいさっぱり、粛々と周辺校へ転勤していかれたとのことである。前任の校長は、さすが大物だ、男だと思うと同時に、やっぱり、いやなことをする市だなあと、変に同調し、同情もしたもので

ある。

男子の会の後の二次会のときに、新しい校長に呼ばれてついていった。行先は、とある喫茶店。校長曰く、

「北君、前の校長さんから聞いてたんやが、うん、申し送り事項かな。君は、酒もたばこも、遊びも何もあかんということやな。ほんで、甘いもんには目がないそうやいうやないか。甘いもん、好きか」

「はい、大好きです」

「よっしゃ、この店、甘いもんいろいろおいとんねんで。君にちょうどええのん、注文したるわな」

店長が自ら持ってきたものを見て、驚いた。大きめのガラスの器にはいった特注のアンミツだ。その上に、ご丁寧にも、はちみつがたっぷりかかっている。驚いた顔の他の教員達や、店の人も見ている。他の客も見ている。ええい、ままよ。食ったろやないか。俺は、ひたすら食べ始めた。おそらく、この世で一番甘い物やろうと思われた。食べ終わると、店の中に拍手が起こった。何か腹の中にうごめくようなものがいるようで、体中がむずがゆく感じる。さすがの甘党と自他ともに認める俺も、腹の中が、わめいているように感じた。以後しばらくは、甘い物は口に運ばないようになった。

転勤してからは、我が子中心の、いわゆるマイホームパパになっていた。そういう年代になっていたのだ。それでも教室では、相変わらずの熱血教師を演じていた。学校でも、かなり重要な校務も担えるようになっていた。歳相応に職責が重くなってきたのだ。そういえば、いつの間にか三十七歳になっていた。中年の熱血教師など、誰もお呼びじゃないなあと思いつつ、毎年毎年、時のたつのも忘れたかのように、熱中時代のまま、マンネリの実践をしていた。誰かに止めてもらわなければ、惰性で行くとこまで行くのじゃないかと思っていた。それでも、市教育委員会主催や大阪府教育委員会主催の各種研修会では発表者になり、普段の授業研究実践を発表し、少しずつ他校の先生方にも名前を覚えてもらえるようになっていた。もちろん、教育委員会には覚えがめでたくなったようで、四十歳で府教委へ放り込まれることになるのであるが。

校長にとっても、何かと便利な駒だったのであろう。何しろ、担任をする学年も、学年主任も、研究授業も、研究発表も、まるで嫌とは言わないのだから。気楽なものである。その原因は、この学校に転勤してきた時の校長の一言である。

四月当初、市教委から研究授業と研究発表の依頼が、校長の所にあった。市のローテーションで回ってきたようである。前任校での音楽会出場の場合と似ている。あの時も、市全体の発表が、前年度に決まっていたのである。この学校の発表も、前年度に決まっていたことで、今更逃げられないのである。じゃあこの一年間、この学校の先生方は、何をしていたのだろうか。どうにかなると思っていたのだろうか。

その職員会議の席では、来たばかりの俺など口を挟めるものじゃないということで、借りてきた猫のようにおとなしく、他の先生方の議論を聞いていた。情けないことだが、今の俺には関わりのないこと、他人ごとと考えるしかなかったのである。先生方は、要は皆研究授業や研究発表等したくないし、逃げたいのである。だから、今回は市教委との約束を断り、研究発表と研究授業を返上しようというわけである。その断りを、校長にしてもらおうということである。校長は、当然弱ったことだろう。窮した校長がその時発した言葉は、俺にとって、まさしく青天の霹靂であった。

「だれもしとうないと言って、今更断れるものではないやろ。北君やったら、黙ってやってくれるはずや。せやろ、北君」

職員会議が行き詰まって困っていた司会者も、渡りに船とばかり校長の言葉に乗ってきて言った。

「校長先生、ありがとうございました。他に対案はありませんか。では、校長先生のおっしゃる通りと致します。これで研究会、及び研究授業についての案件は終わります。……その他のことで、まとめに入ります」

新任の時の、音楽会出場の時と同じだ。何も口をはさめないうちに決められてしまったということだ。

　職員会議後、校長は、

「そんなわけや。君ならできる。頼んだで、北君」

「この案件、詳細は聞いていません。来たばかりですから」

「それやったら、教務の吉本先生に聞いてや」

てなあんばいで、吉本先生に聞きに行ったところ、

「道徳教育や。題材は何でもええと言うこっちゃ。北先生、頼みますよ」

道徳教育なんて分からない。社会科ならともかく、無理なこと押し付けるなあ。去年引き受けた先生にやってもらえばいいのにと思ったが、その先生は転勤した後であった。前任校と同じパターンで、皆逃げるのがうまいなあと思ったが、遅かった。

　その一方で、この職員会議の次の日、

「目立つようなよけいなこと、せんといてください」

と、同じ学校の、とある先生方に、わけのわからない抗議を受けた。まだ名前も覚えていない方々だ。

「先生はいいでしょうが、私らの立場は、どうなるんです。研究発表や公開研究授業を言われてきたら、うまいこと断るものなのですよ。私も、そうやろうとがんばってきたのに、困りますわ」

じゃあ、職員会議の時にそう言えばいいじゃないかといっても、公の席では絶対に言わず、終わってからごちゃごちゃと言うのが、教師の習性だ。いやな習性だ。出る杭は打たれるというが、まさしくその通りだ。それからの俺は、その抗議を無視しつつ、研究発表会に備える日々であった。子ども達さえいなかったら、そんな抗議は、くそくらえだが、和を以て貴しと為す職場だから、やりにくいこと、この上なしだ。本当に困った方々だ。手伝わなくてもいいから、じゃまだけはして欲しくない、足引っ張らんといてと、言いたいところだ。

もっとも、わけのわからんのは、本校内だけでなく、他校にも生息していた。後日の研究発表の会場でも、モンスターのような精神的田舎者の教員がいた。

研究の実践報告会で、研究報告の前にした、いわゆる学校紹介の中で、

「本校には、一年生が二クラス、二年生が二クラス……」と紹介し、

「養護学級は、精神薄弱学級が一クラス……」

と、養護学級のことを付け加えたところ、まだ質問の時間でもないのに、突然若い女子教員が挙手をして立ち上がり、司会者の制止も聞かず、話している俺の声を無視して、興奮気味にしゃべり出した。

「精神薄弱とは何やねん。子どもを障害児と決め付けてえぇのんか。これは、差別や」

ずいぶんぞんざいなしゃべり口だ。おまけに、発表途中を遮られたので、俺もかな

りとさかに来た。勉強もようさらさんと、何ぬかしてけつかんねん、この野郎。丸だしの河内弁。あ、女だからこのどぶすめか。まさしく差別感情まるだしだ。

「精神薄弱とか弱視等というのは、大阪府教育委員会で定めた障害種別の学級の正式呼称です。国の定めた教育法令でもそうなっていて、養護学校も養護学級も、この障害種別で呼ぶことになっています。なんなら、文部省の正式用語でいいまひょか。特殊学級とね。教員試験に出る法令ですから。ご存知でしょう、おたくも教員なら」

と、俺。法令も知らんと、何言っていやがるんだという思いで返した言葉である。まあ、そこまではいい。と、この生きのいい、というよりも、自分の思いが絶対正しいと教条的に信じ込んでいる頑固なおねえさん、もっとめちゃくちゃな論理へと転進した。

「だいたいやね、養護学級とか養護学校とかがあるからあかんのんちゃうの。親が、養護学級や養護学校へ行かそうかどうしようかと、迷わすことになるやないの」

えらい論理や。こんなんが、この後もずっと教育現場にいついて、あとの責任もとらんとやってきよったんやなあと、この文章を書きながら、ため息がでた。第一、研究発表本来のテーマからずれまくってるやないかと思った。

その時、市教委の同和教育担当指導主事が入ってきた。司会の先生に、今湧いていることの問題について訊ねた。指導主事は、何かもごもごと言って、そのまま出て行った。

「なんやねん、あれ」

皆呆れてそう言いあっていた。

帰校後、教頭に報告した。教頭もあきれ果てていた。これでは、この市の将来も、暗いなあというのが、一致した思いであった。まともな奴はおらんのんかいな。あんな狂信的な連中が、この市の教育のものさしを曲げたおしているんやなあと思った。まさしく、学校の常識、世間の非常識や。

第三章　教師人生前半で、最も辛かった障害児学級担任の時代

教師人生は、ヒラの時代が楽しいし、幸せである。しかし、そうでない、辛い学級担任もある。俺が養護学級（障害児学級）担任の時が、それである。その時代に詠んだ歌がある。

「教え子を　叩く心の冬景色、この子責めるや　我を責めるや」

障害児学級は、当時は養護学級といい、法的には特殊学級と呼ばれた学級である。現在は、特別支援学級と呼ばれている。

養護学級でも、いわゆる知恵遅れの子どもだけだと何とかできるし、大抵の学校では、担任希望もそれなりにある。しかし、たった一人でも、抑制の利かない、情緒障害で、いわゆる手のかかる子がいると、担任のしんどさは特にひどく、担任のなり手がなく、管理職泣かせとなる。そんな障害児学級の担任になったことがある。いや、ならされたのだ。どんな言い方をされたのか、口車に乗ってしまった思いがある。

この学校に転勤して三年後、その養護学級の担任をすることになった。学級児童数は、男子二名。一般学級の児童数が四十五名定員の時代、人数だけみれば、実に楽に

見えるかもしれない。

この学級に在籍する児童の一人は、当時興奮性精神薄弱とか呼ばれた障害の子である。この子は、突然、予想もできないようなハチャメチャな行動をとる。早い話が、いつも手をつないでいなくてはならないのである。被転導性といって、突然走りだしてしまうのである。どこへ行くのか、全く予想がつかない。そんな情報は全く聞いていない。もう一人の小西君は、肢体不自由のある発達遅滞児で、突然発作を起こして倒れてしまう男の子である。二人とも便所に連れて行く時は、右手に下田君、左手に小西君の手をつないで行くのである。便所には、誰もいない時間帯を選んでいく。小西君が発作を起こしてしまうと、下田君はどこへ行くか分からない。便所の戸を閉めて、下田君を閉じ込めてトイレをさせるのである。小西君の手をつないで、もう一方の手で用を足すのである。ずっと神経は緊張しっぱなしである。

下田君は、「被転導性」と呼ばれる障害特性である。例えば、走っているトラックの前に両手を広げて飛び出したことがある。その時は、血相を変えて降りてきた運転手に胸倉を握られ、殴られそうになった。

「お前、このがきの教師か。なんで飛び出させるんや。はねてみい、俺は生活できんようになるんや。どないしてくれるんや。わかっとんのかあ」

と、下田君が、突然奇声を発しながらふらふらと踊りだした。それを見た運転手。

呆けたようになり、胸倉から手を離し、

「あんたも、たいへんやなあ」

　そう言って、かえって気の毒そうな顔をして、車で去って行った。どつかれんで、すんだなあ。ほっとした。喧嘩になったら、俺も熱いので、殴られっぱなしにはならない。倍にして返すことになるだろう。体力には自信が、ある。しかし、そうなったら、この、障害のある教え子が、何処へ行くか分からない。そう思ったら、喧嘩にならなくてよかったと思った。そう考えたら、担任させる者も、考えなくてはならないことも、よくわかる。

　別の日には、塀のこちらからレンガを塀越しに投げて、目の前にそれが落ちてきて、びっくりしたどっかのおばあちゃんが、腰を抜かしたこともある。またある日、低学年の子を、やにわに殴り、鼻血を出させたり、頭から血を出させたりした。毎日、マイカーでけがさせられた子を、近くの外科医へ連れて行って、脳波検査をさせていた。母親も謝り倒すし、こちらも、謝り倒すしかなかった。ともかく、毎日大変であった。しまいに、俺自身、うつ的になり、登校拒否状態になった。休む一歩手前まで行ったが、この子は、皆勤であった。

　本人は、学校は楽しいということであるが、この子の属する、いわゆる親学級（原学級とも言う）の担任も大変だが、養護学級担任の俺はもっと大変で、神経をすり減らす毎日であった。高学年になった下田君の時間は、空き時間などないので、長い時間、緊張したままであった。一日六時間、土曜は四時間、空き時間などないので、週三十四時間緊張しっぱなしの勤務ぶっ続けであった。特にゴールデンウイークの終わった頃から夏休みまでが大変であった。それでも何とかやりきった。やりきれたのは、無間地獄ではなく、有限の日数だったからである。一日たったら残りの日々が短くなる。引き算で残りの日数を、「忍」の一字で耐え抜いた。全体の日数を分母にして、残った日数を分子にすると、おもしろい？ように残りの日数が少なく感じられた。この要領は、後にも辛い時に応用した。それは、次のように考えて残った日数を考えるわけである。

例えば、夏休みまで残り百日とすると、一日目は百分の一、二日過ぎると百分の二、つまり五十分の一となる。四日過ぎると、百分の四、つまり二十五分の一、五日過ぎると、二十分の一となり、分子が一とすれば、分母がどんどん小さくなる。何かすごく速く過ぎ去るように思われる。心理的なものである。壜に残った酒が半分という事実なら、もう半分しかないと考えるのと、まだ半分あると考えるようなものである。心理的なものである。そうして、なんとか辛い一学期を過ごし、ようやく夏休みを迎えることが、できた。母親は大変だろうが、担任の俺は、何とか休みとなったのである。

余裕ができた夏休み、障害児教育に一から取り組む自己研修をした。専門書も借りて読んだ。教育委員会で「指導法の実際」というビデオも借りて、まねすることを考えた。

夏休み中の自己研修で理屈（理論など）の概要は、一応分かった。後は個々の事例の実際上の経験則である。落ち込んでいても始まらない。何とか三月まではやりぬかなければならない。そこで、二学期から俺のやったことは、力ずく、腕ずくで、他の子どもへの害が及ぶことを抑え込むことであった。また、パニック（本人に意識のない、めちゃくちゃな怒りの発散行為等）が起こりそうな時は、少し前から顔の表情等で分かるようになっていたので、対応の仕方も分かるようになってきていた。他の子のいるところでパニックが起こると、たまたまそばにいた子が被害にあって、病院へ連れて行くことになる。何によらず、異常行動の暴発を防がなくてはならない。対策としては、まずその子の手を引っ張ってそおうっと体育館へ連れて行き、そこでひとこと「〇〇」と言うと、その子が敏感に反応する、いわば差別用語である、俺の考えついた呪文をその子の耳元でいう。そうするとパニックが起こる。自分なりにパニックを吐き出させる手立てである。地雷を他に害が及ばない所で爆発させるようなものである。パニックの間は少し離れたところから見ているわけである。奇声を発しながら、障害のある子は走り回る。それを見ているだけである。体育館は広いし、他の子がいないと、パニック発散には、特にいいところである。その間、もう一人の小西君を横目で見ているわけである。

しばらくしてパニックが収まると、下田君は顔中汗だらけになり、水を飲みたいと言う。そこで水道の蛇口まで連れて行き、水道の水を好きなだけ飲ませるのである。毎回同じパターンである。個々の障害児のパニック対応は個々にあるわけであり、十人の情緒障害児には、十通りの対処方法があるのである。

本音でいう人は、「檻にでも入れときゃいいのだ」とのたまうが、研修会や会議では、人権を配慮して……など殊勝なことをのたまう。じゃあ、どうすればいいのかと言っても、それは建前で、本音は、絶対養護学級の担任にはなろうとしない。何とか逃げようとする。ベテラン教員の本音は、更衣室で聞くことが、できる。あの手この手で逃げようとする。

次の年の三月のある日、校長がやってきて、もう一年担任してほしいと懇願した。俺も何とか慣れてきていたし、扱い方も分かってきていたが、胃がおかしくなってきていたので、一旦は、断った。

「一年という約束でしたよ、校長先生。僕は、必死で務めを果たしたのですから、もう、堪忍してください」

事実、養護学級担任を外してほしかったのである。事実やりがいもなく、二人の子ども達には振り回されっぱなしで、周囲の無理解で辛い思いや、いやな思いをいろいろさせられたのであるから、もう、金輪際いやだというのが、本音だった。担任を決める時期でなければ「一人の子のお守りでいいですね」などという教師もいる。じゃあ、自分がやればいいのにと思うが、絶対やらない。俺も約束の一年が過ぎたので、一般学級を持ちたいと思っていた。一般学級の楽しさもあるが、「普通教育」でのスキルが失われると思われるからだ。

実際、他校では、何年も養護学級をしていると、マンネリになり、希望者がいないことを理由に、何年間も養護学級担任をする人もいるのである。何しろ、学級担任の手当が十パーセント上積みされ、ボーナス等の諸手当にも反映され、さらには退職金までにも反映され、実にありがたいものであった。しかし、俺はもう嫌だった。金よりも生き甲斐が欲しかったのである。がんばっても、努力しても、自分の成長につながらないし、将来が見えないと思われたからである。一年間担任しても、子どもの成長が見えない。この一年間は、俺にとって、一体何だったのだろうか。

ところが、校長が授業中にやってきた。校長は、養護学級のカーペット敷きの床に頭をついて、いわゆる土下座をした。手を頭の上で合わせて、必死に懇願した。なんでも、頼みに回ったどの教師も、絶対拒否をしたとのことで、どうにもならない状態であったという。去年と同じだ。上司の頼みを拒否するなんざ、他の職場では考えられないことだということは、高校時代の友人が言っていた。そいつは大阪府の職員であったが、どこの出張所へ着任命令が出ようと、拒否はできないとのことである。そいつは、

「教師はおかしいのと違うか。学校の常識、世間の非常識いうやろ」

と、言った。この言葉は、それからも、俺の教師人生でずっとついてきた。

親もまた、年度ごとに担任が替わるのは、やめてほしいと要望していた。我が子が厄介者みたいに扱われるのは、耐えられないというのも分かる。親の気持ちもわかるし、校長としても、自分に陳情する親の必死の思いを無視するわけにもいかないのであろう。

その時、校長の白髪頭を見ながら、俺は、年度末の「反省会」のことを思い出していた。養護学級の在り方について、いろいろと意見が出た。役に立つ話なら、なんら問題はない。こんな意見が言われた。

「北先生の指導のやり方は、あの子を押さえつけることばかりや。もっと障害児は自由にのびのびさせるべきだ」

俺は返した。

「あの子は、障害の特性で、いわゆるパニックに陥ると、自分のしていることが分か

らなくなり、衝動的に暴力を振るうのが特色の障害です。いわゆる、『興奮性精神薄弱』とのことです。本人に責任がないところで他の子にけがをさせてはいけませんし、あの子が集団に入れなくなります。子どもらが怖がるようでは困ります。緊急避難的処置として、制御しなくてはなりません。そのことを、ご理解ください」

そう答えると、相手はしたり顔で、なおも持論を繰り返して言う。俺も、ついには、言いたくもないことを言わざるを得なかった。

「先生の御卓見、お聞きしました。私には、とてもできません。校長先生から言われたことは、何とか一年だけでいいので、担任を持ってほしいということでした。先生のお考えで、後、よろしくお願いします」

「そんなこと言うたら、何も言われへんやないか」

「持つつもりもなく、言いたいことをいうのは、無責任と違いますか。現在の担任のやり方が不都合と批判するなら、代わって持つという代案で話をしあうのが、本当と違うのですか。それとも、話のネタだけで、持つつもりはないということですか」

相手は、黙ってしまった。結局、だれも持つ人はなくて、みんなで養護学級を支え、障害児を核とした学校経営をしていくとかなんとかいう、きれいごとで職員会議は終わった。いつものことだ。その後、校長の努力にもかかわらず、誰一人として担任を受諾することはなく、せっぱつまって、校長は、俺のところへ来たわけである。去年と同じパターンだ。

俺も大人げなかったが、この学校の教員の意識がよくわかったこともあり、校長先生には悪かったが、断り続け、結論を出さなかった。

校長先生の後、しばらくして教頭先生がやってきた。また説得かなと思ったら、違うことを言われた。

「北君、なぜ、やる気もないのにきれいごと言いよったか、わかるか。あれはなあ、三木のさしがねなんやわな。前の担任の三木涼子が、教頭にさせたるという条件で、二年前にもったんや。せやけど、家のことで休まなあかんかったし、ほかの教師らとももめたし、子どもの親とももめて、体も神経も参ってもて、やめさせてくれと、泣きながら校長に頼んで、挙句の果て、担任を拒否して、投げ出してしまいよったんや。それやのに、後を継いだ君にうまくやられては、メンツがたたんわなあ。それで、南川君に吹き込んで、あの意見を言わせよったんやで。この後、何ぼ職員会議を続けても、担任は決まれへんわ。それで、頼みなんやけどなあ、もう一年、いや、卒業するまでもったることはむりかいな。この通り、たのむわ。屁理屈ばっかりで、本音を隠し倒すこの学校の教師らに持たせたら、あの子らがかわいそうやし、親もかわいそうや。正直、今この学校で持てるのは、君しかおれへんと思う。原学級の方は、また松原君や。もう一人の方の二年生の子の原学級担任は、転勤して来る人に頼むんやわ。

だれもあの子らのいる学年は嫌がるし、前の担任も、逃げるように転勤してもたんやわ。ほんまに、この通りやさかいに、頼まれてくれへんやろか」

「校長先生だけやなくて、教頭先生にまで頭下げられたら、逃げられしまへんなあ。支えてくれますか。あの子らのために、支援してくれはりますか」

「もちろんや。君の将来についても、校長は、必ずええようにさせてもらうと、約束する言うてたわ。あの子らのためや。たのむ、このとおりや」

てなあんばいで、養護学級担任を延長することになった。別に将来の保険のためではない。まだ若いし、そこまで考えるほど切実ではなかった。それよりも、屁理屈こねて、あいつも逃げよったといわれることは、プライドが許さなかったのである。第一、この市で約束というのは、ソ連がしよる条約と同じで、破られるまでの約束であり、必ず守られるということではない。守られると保障されるという確信は、ないのである。

前任校は周辺校だが、教員も純朴で、いわゆるええ学校といわれるこの学校よりも、教員らにいやらしさがない分良かったと思われた。

本音を腹に隠して、屁理屈の言葉遊びをしている、つまらん俗物が、大手を振って徘徊しているのが、教育界のようであるが、いわゆるええ学校ほどその感が深い。この学校も百鬼夜行かな。それに俺も、その百鬼の一つかな。そうして、その後、その子が卒業するまでお付き合いをすることになった。慣れたこともあり、子ども達の障害やパニック時の扱いもわかり、他の教員は誰もごたごた言わなくなり、実にやり易くなった。協力も、多方面から得られるようになった。悪平等もなくなった。ありがたいことである。

校務分掌も、非常に軽くしていただいた。そのことで文句をつける者は、いなかった。もっとも、文句をつければ、次の年度に担任させられると、だれも恐れたとのことである。まさしく、校長の直轄人事であり、強大な裁量権の賜物であった。この、強大な裁量権は、後日校長になった時、よく分かったが、一般の教師はそれが分からず、管理職は敵、教員はだれも平等と思い込んでいるようである。組織の責任をとる者が、その組織に対する強大な裁量権、指揮権を持つのが世の常識である。会社なら社長である。経営の失敗は、自らの首を差し出して収めなければならない。だから、強大な指揮監督権を持ち、社員の生殺与奪をする権限が、与えられているのである。それに比べて学校という組織は、いわゆる「ナベブタ」であり、世間の常識とは、違っている。まさしく、「学校の常識、世間の非常識」なのである。

仕事にも慣れ、子ども達の扱いにも慣れ、交流教育をする「親学級」の集団作りもうまくでき、うまくいき出すと、こんなものだ。ただ、高学年になると、困った事例が、出てくる。前のような周辺校ではないようなこと、例えば、鼓笛隊のことである。

鼓笛隊

　市の中心部にある本校や隣接の学校、いわゆるええ学校では、高学年になると、鼓笛隊が編成される。六年生は、全員参加が原則である。隣接する学校では、運動会で、演奏しながら、分列行進をする。指導者は、音楽専科教員である。本校は、分列行進まではしないが、閉会式の行進の先頭に立って歩き、様式美を演じる。親達も喜んで見るのである。いわば、親に見せるために編成するのである。しかし、ここで問題が起こった。下田君も参加させるのかということで、ある。

　今までの学年では、本校には下田君のような情緒障害児がいなかったので、何とか編成や鼓笛行進ができたという。さらに、本校では運動会が終われば文化発表会があり、そこでも集団で演奏するのである。

　周辺校の前任校では、そもそも文化発表会というものがなかった。というよりも、鼓笛隊そのものがなかったからである。すでに述べたように、新任の時、俺は市の連合音楽会出場で苦労したのである。しかし、本校のように鼓笛隊があるとなると、下田君の処遇が問題である。親は、参加させてほしいという。当然である。本人も参加するものと思っている。建前は、六年生全員参加であるが、音楽専科教員は、参加を辞めさせてほしいと、露骨に排斥する。さあ、困ったぞ。

俺は、こそこそと言ってこないで、校長か教頭に言ってほしいと言った。下田君を参加させないと、人権教育の面でややこしいことになるので、知らないと突っぱねた。音楽専科教員は、それをしなかった。ひたすら担任の俺に要求し続けた。自分の力で下田君を参加させないとなると、ややこしい立ち位置になるからである。管理職に言いに行くのも、めっそうもないことであった。

鼓笛隊の編成は、バトントワラー三、大太鼓一、小太鼓十五程度、残りのメンバーは、たて笛である。たて笛のうち、五台はアルトリコーダー、残りは全てソプラノリコーダーである。その全体指導は、音楽専科の見せ場である。

ソプラノリコーダーは、曲を演奏するが、一つ一つの音は弱いので、集団で吹かすことにより、何とか聞ける音量になる。連合音楽会に出たことのある俺には、一人一人吹くよりも、全員で演奏する方が、あらが隠れることが、わかるのである。前任校で市の連合音楽会参加で苦労したことが、今役に立ったのである。

音楽的には素人のほとんどの親は、我が子と全体の団体行進に目が奪われ、音の精緻さなどは分からない。しかし、下田君が入り、勝手に音を鳴らしてくれると、乱れてしまうのは、確かである。目立たせないようにするには、どうすればよいか、悩んだ。そこで、音楽会でお世話になった恩師に相談した。さすが、音楽の権威だ。いい方法を教えてくれた。それは、次の通りだ。

まず、下田君のリコーダーの裏と表からテープを貼って、ソの音の穴だけ開けるようにする。すると、ソだけしか音がでない。ソの音だけは、どの音とも合う。和声学の理論である。他の子が曲を演奏していると、その中に紛れ込んで、素人にはわからない。リコーダーは、単独で吹くと上手下手が際立つが、集団で吹くと、なぜかなんとかうまく聞こえるのである。あとは、姿が目立たないようにさせるだけである。

下田君は、障害の特性で目立ちたがるのである。ハーメルンの音楽隊のように滑稽に踊って目立とうとするので、何とか分からないように、四列縦隊の前から五番目、内側から二番目に配置したのである。これで目立たない。よそへ出ないように何度も何度も言い聞かせた。繰り返し言い聞かせることが、下田君の障害には必要なのである。

六年生の鼓笛隊が先頭を行進し、その後から五年生以下の学年が団体行進するわけである。要は、チンドン屋かいな。それで、何とか様になったようである。音楽専科の教員は、しつこく参加させないように言ってはいたが、齟齬なく鼓笛行進ができたので、怪訝な表情であった。あまり事前にしつこかったら、校長に報告し、職員会議でも話し合いを持ってもらうつもりでいたが、必要なかった。もちろん参加できて、下田君の母親は喜んでいたし、本人も嬉しそうであった。

運動会は問題にならないで済み、音楽専科教員は、文句を言わなかった。水準の高い隣の学校のような分列行進をしないから、さほど高い水準を求められなかったからであろう。本校では、景気良く合奏の音がなり、みんな歩調を合わせて歩くだけのことである。そのムードでどの親も子も満足するのである。

文化発表会の日は、朝から熱が出たというので、保健養護の先生に見て頂き、その指示で養護学級の教室で寝させておいて、助かった。養護学級は、一部畳敷きである。少々熱が出ようが、咳が出ようが、下田君は学校へ来たがるのである。よっぽど学校が好きなようである。嬉しいような、ありがたいような、複雑な気分だ。ま、それはともかく、保健の先生の言う通り寝かせておいて、俺も横で横になっているのである。起きた時、周りに誰もいないと、正直どんな行動をとるのか、分からないからでもある。それにしても、寝ている時は、かわいい顔している。

家の方に連絡が行ったようで、母親が訪ねてきた。母親に、無理に起こして連れて帰るのはかわいそうなので、この部屋で二人でおられたらどうですかと提案し、その通りにして頂いた。少しの間、教育相談をして、その後母子二人にして、俺は職員室に戻った。何かあれば、インターホンで読んで頂くようにお願いしておいた。母子二人の時間を作ってあげるというのが、俺の考えである。

　そのうちに、給食の時間になった。本人の分と俺の分をトレーに載せて、学級に運んで食べてもらった。俺の分は、お母さんに食べて頂き、俺は、職員室で出張している教員の分を食べた。常に余分に配膳されているのであるから、心配はないのである。正直、寿司が食べたいなあと思っていたが、それはできなかった。養護学級で親子二人だけの給食は、本人にも、母親にも、いい思い出になったのではないだろうか。

　そうこうしているうちに、やがて、卒業式となった。卒業式の日は、母親が親学級に行き、共に過ごした子ども達に礼を言ってくれ、感謝の言葉をのべ、泣いてくれたのである。それは、本当にうれしく、親学級担任と共に、やったかいがあったと言える。

　下田君の進路として、地元の中学校の養護学級と府立の養護学校があった。地元の中学校は、この子が入学しないと、教員定数に関する法（いわゆる標準法）により、養護学級が一学級減となるのである。普通学級も養護学級も同等の一学級であることを、普段は気にならないことでも、中学校では深刻な問題となるのである。市内の学習院とか揶揄されるこの中学校では、普通学級で私学へ行く子も多く、普通学級も一学級減、そして下田君が入学しないので、養護学級も一学級減、あわせて二学級が減である。間が悪いことに、中学校の教員定数は小学校に比べて刻みが細かく、この二学級減が教員三名の減となるのだ。着任した年数から考えて、数学の担任ばかりが減ることになる。この中学校の校長が泣いたということは、まんざら嘘ではないだろう。

下田君は、養護学校が迎えに来るバスに乗り、楽しく通学しているという。学校でも楽しく生活し、親しい友達もできたということである。さすが専門家ぞろいの養護学校である。職業訓練に至る指導、仲間作りの指導など、本人に合った指導が、丁寧にされていることが、分かる。邪魔扱いされることがない分、本人も幸せである。

母親は、養護学校中等部の保護者会の役員となり、通学バスに一緒に乗って母親がよく来校するので、本人も情緒的に安定し、好ましい成長をしているとのことである。めでたしめでたしと言えよう。

再び一般学級担任として

　さて、その次の年度、教員生活の最後から二年目に、「飛び込み」で六年生の担任を頼まれた。頼まれたというよりも今度は校長の権限であると校長から言われ、どこに出してもおかしくはない、法令的に見てもおかしくないという言い方で強制され、命令されたのである。散々養護学級担任の件では無理を強いておいて、だれも持ち手はないというややこしい新六年生の担任をさせたのである。他の誰かに頼めないとなると、当初の約束など全く無視して、飛び込みの学年を持たせたのである。これくらいでないと、管理職は務まらないようである。校長は、この年度で定年退職であった。後は、どうとでもなれということか。見事に「立つ鳥、跡を濁した」のである。俺は水なのか。どっちみちなら、無責任の騒動を起こして、自分は何の責任もとらずに逃げた上田教諭に無理強いすればいいのになあと、思ったが、そんなことをすれば、上田教諭はどんな手を使って逃げるかわからない。人の迷惑など屁とも思っていない人だからである。

　飛び込みというのは、業界用語で、前の年度の担任が、そのまま持ち上がらず、後任の者が、その年限りの担任をすることである。無理を言える人には、とことん無理をいうのだなと思った。二年生や四年生ではそれがあるが、最高学年でそれをさせることは、当時も今も、よほどの例外である。

確かに、過去にも、前任校で飛び込みの六年生の担任をしたので、別段気にはならなかったが、今度は持ってみて驚いた。前の担任が、引き継ぎ時に、事情を尋ねても内情を隠したおしていた理由が、わかったのである。差別体質で、一部の親から忌避されたのである。詳しくは、言うのもはばかれることだからである。よっぽど感性のないお方だったのだなあと、思われた。しかし、それはいうまい。ま、黙して語らず、黙って引き受けようと、仕方なくええかっこを決め込んだ。男の美学？　を決め込んだのである。

さて、今度の校長は、前任校で世話になった梶山という方であった。新任の校長になってやって来られた梶山校長に迷惑はかけられない。何よりも、詰め腹を切らされた教頭先生のためにも、ここは平穏な学校経営のために、一肌脱ぐしかないだろう。

ただ、この学年を担任して驚いたことが、まだあった。もう一人の担任は、昨年度も六年生の担任をしていた松木教諭である。下田君の原学級担任で、共に苦労した同僚である。二年連続で六年生担任か。いつも苦労させられる人は同じだ。何かあると、しわ寄せは、いつも同じ人にいくようである。

この学年の担任が二人とも外されたのは、二人の担任が争い、トラブルを起こし、両方の親同士がもめにもめたからである。原因は、俺の前担任の差別事件といじめである。俺の学級の前担任は、年配の女性の上田教諭であり、もう一人の担任は、男性の俺と同い年の渋川教諭であった。問題の具体的な中身についての情報は、校長からも誰からも詳しく教えられないままであった。誰もその後始末もきちんとしないで、俺の前担任は中途退職し、松木先生の前担任は、無理やりの転勤であった。いずれにしても、要は、両方の組の子ども達は、見捨てられたようなものである。そのしこりはいつまでも残り、極めてやりにくかったが、松木先生と協力して、何とかやるしかなかった。その後、なぜこのような理不尽な人事が行われたのか、そのわけが分かった。そのとばっちりも、あちこちへ行ったのである。整理して説明しよう。

まず、直接の原因は、ミニバスケットボールの試合のキャプテンの選出についてである。五年生は、市全体の試合に出るため、全員参加が原則である。選手は、各チーム五人である。二学級なので、各学級で男女別に五人ずつのチームを作り、それぞれに総当たりで試合させるわけであるが、各チーム毎に互選でキャプテンを決めさせるわけである。そのキャプテンを決める過程で、渋川教諭の女子のチームの一つが、聴覚障害児を選出したのである。

そのチームに対して、上田教諭は、チームプレイでは声を掛け合ってボールを渡しあいするので、聴覚障害の子に対して、副キャプテンになるように指導したというのである。その子が帰宅後、母親にそのことを泣いて訴えたというのである。これは、障害児に対する不当な差別だと、聴覚障害児教育担当の馬場教諭に相談したのである。その子の母親が、聴覚障害児教育担当の馬場教諭に相談したのである。これは、障害児に対する不当な差別だと、馬場教諭は母親に、人権擁護の団体に訴え出るように勧めたのである。それで話が大きくなり、団体による確認会が行われたのである。

本来なら、いきなりそこへ行かず、まず学校内での話し合いを行い、より良い解決策をとればいいのに、あえて話を大きくしたのは、裏の話があるからである。

馬場教諭は、新任でいった学校で、先輩の上田教諭に厳しくされたようであり、ずっと遺恨を持っていたというのである。それが、今回の事象で、「江戸の敵を長崎で討つ」的なやり方で返したというのである。怖いなあと、思った。結局、上田教諭は道義的な責任はとらず、逃げおおせたのである。責任をとらせたら、何するかわからない、不気味なお人であるので、前校長は手がつけられなかったのである。そのとばっちりが、俺と松木教諭に行ったのである。俺もしつこいなあ。

この年、長いことといた教諭達が一斉に退職したり、転勤したりしたので、学校の運営が、極めて難しくなった。その上、校区を巻き込んでの一大問題になったのである。しかし、一番割を食らったのは、松木教諭と俺だった（いや、しつこいなあ）。ぐちゃぐちゃにされた後の始末は、結局俺と松木教諭でするしかなかったのである。いや、教頭も割を食らって、この後、ついに校長にはなれなかったのである。しかし、一番割を食らったのは、子ども達であり、保護者だったのである。本来、引っかき回した馬場教諭が割を食らうべきであったが、「風見鶏」というニックネームさながらに、うまくウナギのように逃げおおせたのである。上田教諭がいなくなったら、この人の天下になったのだ。

そう言えば、この人は以前養護学級担任をと言われた時は、「ナンバー二の仕事ですよ」といって逃げたというから、どこまで行っても逃げのうまい、要領の良い人だった。例えば、運動会に子ども達だけで観戦し、昼食も子ども達だけですという ことを職員会議で決めた時も、イニシアチブをとって、強く主張していた。親のない子や、親が見に来られない子を寂しくさせないためにと話しあったわけである。

ところが、次の年、地域から、もとのように親と一緒に観戦し、一緒に弁当を食べるという強い要望があり、校長が地域の強い要望に折れて、もとの通り親子で観戦することになった時は、その渦中からするりと抜けたのである。前年度職員会議で言ったことには頬かむりして、地域から言ってきたことにするりと乗り換えたのである。

そのことを心ある教諭からなじられた時は、

「あら、そんなこと言いましたかしら。いつまでも同じ考えで変わらないのは、おかしいのではないですか」

と返し、「風見鶏」の面目躍如たるものがあった。おかしいと言った教諭は、次の年他市へ転勤していった。まさしく、不倶戴天の敵と言うか、こんなのと一緒にいれば、自分もおかしくなるだろうと思ったからでもある。「一読総合法」とかいう指導法で頭角を現してきていた方だっただけに、惜しい人を我が市は失ったわけである。ついでに言えば、後年俺が大阪府教育委員会の指導主事になった時、府教委主催の教員研修会のある同じ建物であった民間主催の研修会の講師になって来ていた本人と出会い、旧交を温めたことが、ある。

ああ、そうそう。馬場教諭の人柄を表すもう一つのエピソードを披露したい。最後の職員会議で、俺の前任者の上田教諭が、涙ながらに辛い思いを吐露した時に、

「あなたはやめて行く人だから、それでいいでしょうが、後の始末をしなければならない私達は大変なんですよ。どうしてくださるんですか」

と、のたまわった。水に落ちた犬を叩くという、作家魯迅（ルーシュン）の言葉を思い出した。なんとえげつないやっちゃと思っていたが、風見鶏だけでなく、極めて残忍な一面を持つ人と思われた。実に、どうにもならない人だった。結局後始末なることは、何一つしなかった人である。やったことや言ったことには、絶対責任をとらない人だ。

さて、担任になった最初の日は、困った。教室へ入ると、全員後ろを見て座ってい

る。仕方がないので後ろへ行って、全員を見まわした。後ろにも、行事を書いたりする少し小さめの黒板があるから、ま、ええかあと思ったわけである。

　ところが、俺が後ろに行くと、全員が、机を一斉に持ち上げて、百八十度座席を回転させたのである。前年度から軽いパイプ椅子、パイプ机に代わっていたから、それができたのだろう。ま、前向きの方が、やりやすいわいと思い、前へ回った。ところが、また、全員で机を反対に回しよる。仕方がないので、また後ろへ回った。後ろの黒板を背にして立つと、全員でまた反対方向へ席を向け直しよる。つまり、新担任には、背を向ける態度である。何回かそれが続いた。まあ、学生時代サッカー部だったので、そんな程度の運動には慣れている。それに、こちらはほぼ、荷物なしの移動である。それに引き換え、子ども達は、一回ずつ机も椅子も持ち上げて回らなくてはならない。いくら軽くなったとはいっても、椅子も机もそれほど軽い物ではない。小さい子や体力のない子が、まずへたばった。何回目かのとき、大声でわめいてやったら、もうやらなくなった。

　もう、最終学年だということを言い、三年先には高校が待っている。第一、来年は中学校に入学する。ややこしいことがあったから、特別に配慮してあげるということは、中学校でも高校でもないはずである。先のことを考えて、今のことをやれと、じゅんじゅんと諭した。まず、理と利で攻めたのである。

出席を取って、学級経営の方針を言って、授業を始めた。全員に五年生の時の知識を試した。「あかん」というのが、感想だった。それから、きっちりと指導を進めた。学校は将来のために勉強するところだという理念は、良く浸透したようである。しかし、どうも首謀者がいるようである。それも、表面には出ず、他の人間に表立ってさせる。やらなければ、いじめるのである。そのひきょう者はどいつだとばかり、腹の探り合いをやった。六月初めにそいつが分かった。裏でいじめをあおったりして、学級経営や学習指導を邪魔した上、自分はこっそりと塾で学力をつけるわけである。学級のごだごたは、つまるところ、こいつから発していたわけである。

職員室へつれて行って、理由を聞いた。ふてくされて言わない。何もしていないある女の子をたたいたことについて、理由を理詰めで聞き出すと、

「むしゃくしゃしてたんで、どついたんや。わるいんか」

と、のたまわった。

「おんどりゃ、それでも男か。このぼけー」

反射的に手が出ていた。そいつは、吹っ飛んだ。後頭部をしこたま打って、鼻血を出した。その鼻血が床に流れた。保健の先生が、応急手当てをして、病院へ連れて行った。それを見送って、校長室へ行った。体罰をしたのだから、いかような処罰も受けるつもりでいた。しかし、新しい校長は、言った。今まで教頭だった人である。

この人は、前任校で俺の先輩だった。やはり、いい加減な児童の頭をこつんとやったところ、頭の骨にひびが入ったという。すったもんだがあったが、かろうじて皮一枚で首がつながったという方である。一緒に勤務していた人だから、その辺の事情はわかっていた。

「やってもたなあ、北君。せやけどな、部下のしたことは、校長にも責任があるんやで。一緒に罰受けよや。その前にや、親のとこへ行っといてや。あったこと、きちんと説明しといでや。処分はその後でもええからな」

保護者宅に行った。玄関で母親がいた。すぐ奥へ入って行って、父親を連れてきた。会うなり父親は、言った。

「おい、なんや、北やないか。どないしてん。うん、息子から聞いてる。せやけど、君が意味もなく子どもに手をかけるとは思えんな。うん、息子にもう一度聞いてみるから、まっといてやな」

そう言って、また奥へ行った。父親は、中学校と高校でサッカー部の先輩で、苦しい練習に共に汗を流し、合宿で同じ釜の飯も食べ、試合でも共に走ったのである。お互い、知りすぎてるくらい知りすぎていて、運動部の先輩後輩は、いわば戦友で、絆も半端ではない。

家の奥の方で、厳しく子どもを問い詰める声がして、母親とも言い合う声が聞こえた。やがて父親が出てきて言った。

「北君、悪かったな。息子に問いただした。息子が、そんな卑怯なことをしているとは知らんかったんや。御免やで。俺に免じて堪忍したってやな」

母親が、憤懣やるかたない顔で、

「そんなん、あんた……」

と抗議するのに、

「われは、だっとれ（だまっとれ）。女に、男の思いがわかるんか、どあほ」

と、かましていた。

まあ、運が良かったんやな。これからは、気をつけよう。つくづく、そう思った。この先輩のおかげもあり、前年度の担任の不始末で、保護者が皆逃げて決まらなかった学級ＰＴＡの役員も、決まることになった。本校のＰＴＡの役員や実行委員さん十四人のうち、十三人は小学校、中学校、高校の先輩や同窓生で、残った一人は、弟の高校時代の悪友だったことが幸いした。皆で説得に回ってくれたのである。地元の縁と絆に救われたのである。ありがたいことだと、今も感謝している。

後で聞いた話では、自分達がうまくいかなかったのに、後の担任がうまくいっては不愉快だと思ったのか、前担任が、いろいろ邪魔をしてくれたようである。例えば、子ども達の一部を自宅に招いて、新担任がうまくいかないように画策したということである。しゃあないやっちゃなあと、軽蔑した。以前養護学級を担任した時も、後の担任にうまくやられたら困るということで、つまらんトラブルがあったことを思い出した。

まあ、ともかくも一応、学級経営もうまくいくようになった。また、学年経営もうまくいくようになった。徹底的にいがみ合っていた両学級を、少しずつ融和の方向に持って行ったのである。例えば、両方の学級をティームティーチングで一緒に授業したり、合同体育をしたりして、融和を図った。遠足も修学旅行も林間学校も、学級を解体して、混成の班活動をするようにさせた。音楽も、両方の学級合同で器楽合奏させたり、合唱させたりした。授業参観も、二学級一緒にやることを多くした。そんな工夫もあり、担任同士が仲良く協力するのを見て、子ども達もお互い溶け込むようになった。前の担任の身勝手さと無責任に子ども達も親達も気づいてくれたようで、中学校直前ということもあり、子ども達のため、親達が協力してくれるようになった。放課後も、両方の学級の子ども達が、一緒にサッカーを楽しむようになった。うまく学年経営ができ、無事卒業までこぎつけることが、できた。本当にありがたいことだ。

学校運営も、馬場教諭が中心になろうとしたが、皆非協力的であった。今までやってきたことがやってきたことだけに、残った先生方が、非協力を押し通したのである。転勤してきた人達も、馬場教諭については、さまざま聞かされていたので、信用はしていなかった。

教員最後の次の年は、この校長さんのたっての頼みで、一年生を持つことになった。まあ、俺にとっては久しぶりだが、誰も持とうとしなかったのである。別に問題もないような学年だが、実はこの一年生、四十四人の一学級しかないということである。その年、学級の児童の定員に関する標準法が改訂されて、一学級の定員が四十五人から四十人になり、新一年生は二学級編制で、一クラス二十人を少し出る程度といわれていた。入学予定者は、初め四十六名。担任の希望者が殺到したと言う。

ところが、偶然にも、直前になって、急に転出児童が二人出て、四十四名となった。そのうち、四名が聴覚障害児、一名が情緒障害児で、計五名が養護学級（特殊学級・今でいう特別支援学級）の在籍となり、そのため、新一年生の学級は、単学級、つまり、一学級になってしまったのである。当時、養護学級に在籍する障害児は、いわゆる「外数」となり、通常学級の児童としての在籍には、カウントされなくなったのである。しかも、「交流」の名のもとに、一年生は、ほとんど他の児童と一緒に、一般（普通）学級で過ごすのである。そのため、ほぼ丸一日、一学級四十四名で授業をしなくてはならないし、障害児も一緒に行くのが当然の遠足などの行事も、その他何かにつけて大変なのである。そりゃあ、皆逃げるわなあ。皆逃げたら、結局俺にお鉢が回ってきた。最後の最後まで無理を聞くことになったわけである。祖父が言っていた

「器用貧乏、隣のあほにつかわれる」

を地で行くようなことである。結局俺は、ずっと希望など聞いてもらう器ではないわけだ。

入学式は、思い出に残った。担任名が発表されると、保護者席からどよめきが、起こった。子ども達の前に立つと、どの子も目が点になった。そりゃそうやろう。この子達は、生まれてこの方、母親や幼稚園の先生、保育園の先生等、身近に接する大人は、ほとんど全て、女性ばかりだったからだ。

次の日から登校を渋る子が続出。登校拒否も二人。しかし、そのうち、この担任は優しいなあと思ってくれたようである。今まで受け持った子ども達の親が、この学級の母親達に、俺のことについて、色々いい情報を伝えてくれたようである。例えば、優しいし、ほとんど怒らないし、おもしろい話をよくしてくれて、授業を楽しくしてくれるといったことなどである。何でも、森の熊さんみたいな先生やという伝え方で、それで、落ち着き出した。まあ、俺は何と言われても、学級がうまくいきさえすれば、それでいいのだが。

この、かわいい一年生、最後の教え子達も、俺の思い出のアルバムに、いろいろなエピソードを残してくれた。例えば、ツベルクリンの接種が怖くて逃げ出した子。探しに行くと、家に帰って、押入れの中で、布団をかぶって震えていた。

特異な教義の宗教にこだわる母親もいた。信仰のために、夫と離縁した母子家庭である。色の白い、きれいな母親であった。子どもも色白で、特にかわいい男の子だった。

適当にやればよかったのだが、信仰とか宗教的ということから最も遠い俺は、この母親と、真っ向からぶつかることも多かった。その宗教の教義に基づく、母親からの、「何があっても、輸血しないで」との要求を、はねつけた。命が、何よりも大事というのが、新任以来の俺の信条。人の命ほど大事なものはないと主張し、神様は、人間がいてこそ敬われるという論理であった。神様の前に人間の存在があるという、宗教を信じる人には、驚愕の思想であったろう。俺の信条は、人間が主人公で、神は人間の心の癒しのために働く、付随物程度の認識の上に立つものであった。

この母親の信仰上の教義に、鯨の肉を食べてはならないというものがある。なぜ、鯨の肉は食べてはいけないのかと問うと、血抜きができないからとか言う。そりゃそうやろ、何トンもあるような、十メートルを超えるような鯨をぶら下げるクレーンはないだろうから、牛や豚のように、つるしての血抜きはできるはずはない。だからといって、母親に説得されたら、現世の権威としての教育者の良識が、許さない。いや、プライドかな。沽券にかかわるという、いやらしい理由かな。そこで、水産法とか何とかいって、五メートルを超えたら鯨で、五メートル未満はイルカというといって、イルカは、血抜きができるから良いという論理で押し通した。第一、鯨は世界的に捕獲が出来なくなってきていて、値段が張って、とても学校給食に出せる時代ではないと言う論理も副えて、説得に努めた。敬虔な信者で、大変信心深い方に、とんでもない現世の論理で説得しようとしたのである。信仰する人にとっては、それこそ、神をも恐れぬ、不逞の輩であった。

ところで、本学級にいた障害児の母親達は、実に熱心で、子ども達のために、奉仕の精神が極めて高い。それで、全員、授業中後ろに座って、授業参観を毎日やってくれた。具体的には、六月一杯まで、毎日が参観日であった。障害児の親が、教室の後ろへずらっと座って、その日教えることを必死に書き写している。親も子どもも、大変だろうなあと、感心した。

一人、お年寄りがいた。後藤君の祖母だ。

「この子は、私の子です」

と、言う。間違いなしに孫だが、その子の他の兄弟は、母親に任せ、この子だけに、身も心も尽くされていたわけである。

後に、後藤君は、高度の難聴にもかかわらず、一流の国立大学を卒業し、国の役所に入り、上級公務員として、日々頑張っている。おばあちゃんと二人三脚で、えらい苦労したやろうと、今も愛の厳しさと偉大さに感じ入っている。毎年年賀状のやり取りを、ずっと続けている。一度会いたいものだ。

愛の厳しさで、もう一つの例を。その学校で最後のこの年に、万引きした子が二人いた。件のスーパーマーケットへ出かけ、一通り謝罪し、一通り指導を入れ、それですんだと思った。ところが、そのうちの一人の子の父親と母親が、夕刻我が家にやってきた。父親は、高校を管轄する府教育委員会の担当部署の指導主事で、母親は、公立高校の国語の教師。二人とも、祖母に預けっぱなしで働いていることが悪いのだろうかと、泣いてすがるように尋ねた。とんでもない。両親が共働きで子どもが万引きするなら、うちの子などは、さしずめ銀行強盗をやってくれることになる。女は働くなという、固陋な考えにはなじまない。

まあ、一つの約束をした。これから子ども連れて、四人でスーパーの店長さんに会いに行きましょう。その際、何も言わないで、担任の私のやる通りやって欲しいと約束してから、件のスーパーに出かけ、事務室へ入っていった。しらけた顔で、店長や店の人達がいた。その前で、一通りの謝罪の言葉を言った後、俺はコンクリートの土間に正座して、両手をついて、頭を床にすりつけるように、深深と頭を下げた。約束どおり、両親も揃って土下座した。俺は演技だったが、約束とはいえ、一緒に土下座した両親は、偉いと思った。それをみた子どもは驚愕し、次には、両親に取りすがって、おお泣きに泣き出した。

「おかあちゃん、かんにんやあ。おとうちゃん、かんにんやあ。先生、ごめんなさい。ごめんなさい、もう、絶対しません、ごめんなさい」

大なきに泣いて抱き合っている親子を見て、店の人達も皆、涙ぐんでいた。これでめでたし、めでたし。この子は、その後、両親の愛情を確信して、まじめに過ごすようになり、後日国立大学の附属中学校から高校、そして、国立大学の医学部へ進んだとのことである。ぜひ、仁の心のある、いい医者になって欲しいと願っている。いや、この子なら、絶対にそんな医者になるはずであると、今も確信している。

ただ、この学校では、子どもや親は総体的によく出来ていたが、教師の中には、出来の悪い者もいて、不愉快な思いをしたことがある。その例をあげてみたい。

それは他人の研究授業を邪魔する教師である。これは、一種確信犯的な側面もある教師である。

研究授業のこと

ある時、校長から、研究授業をしてほしいと頼まれた時のことである。教育委員会からの要請で、各ブロックに研究授業を一つ出すのである。校長や教育委員会の覚えがめでたくなろうとか、自分の指導力向上とかといったことでなく、どうせやるなら、気持ちよくやろうと、単純に思っただけのことである。

ところが、「ちゃちゃ」が入った。俺よりも先に、校長から頼まれた教員、これが断ったというのである。それで俺のところにおはちが回ってきたわけであるが、俺が、校長からの依頼を引き受けたと聞きつけて、文句を言いにきたのである。どうも変だ。言い分は、次の通りだ。

「北先生は、あっさり引き受けられたそうですが、私らは、教育委員会からいってくるような官制の研修の客寄せパンダになるのはいやなので、苦労して断ったんですよ。先生も断ってください。いいですか。一度引き受けたら、また、無理強いされるやないですか。そないなったら、断れないですよね。先生はいいでしょうが、他の人は迷惑なんですよ。みんな、北先生は、かってなことしやはるというてますよ」

「みんな」ってだれのことですねん。自分の勝手なドグマを人に押し付けないでほしいものだと、無視した。そういえば、前の学校でもそんなことがあったし、後年教頭になった時も、そんなことあったよなあと、思った。そのことは、すでに書いた。この手の話は、よくあるよなあ、学校では。

さて、教師だから、学校の中でのできごとばかりになりやすいのは、仕方ない。しかし、学校の外でも、おもしろいこと……というよりも、こわい思いをしたことがあるので、付け足しておきたい。

新年度に入ると、転出入の教職員に対して、歓送迎会を行う慣例がある。全体の会もあるが、男だけの会もある。俺の学校では、「やろう会」といった。一次会の後、校長を先頭に二次会に繰り出すわけである。何人かいたので、かなり大きいカラオケスナックへ入った。ほかの団体もあったが、ま、歌を歌う順番は、よく回ってきた。歌いたくなくて、雰囲気を楽しみに来ている人も多いんだなあと思っていた。

雰囲気が盛り上がってきたころ、校長が、言った。

「北君、君いい声や。その声で軍歌やってくれ」

「アイアイサー」

まず、「暁に祈る」を、兵隊帰りだった父親譲りのテクニックで、元気よく歌い始めた。歌い終わると、拍手が派手だった。

席に座っていると、きちんとした若い紳士然とした人が、

「うちの社長が、ぜひ、もう一曲お願いしたいと言っております。ついては、お宅の払い持ちますよって、お願い聞いてもらえませんか」

「ああ、いいですよ」

と、俺。酒の勢い、酔っぱらった勢いである。まさか、おごってもらおうなどとは、考えていない。乗りでやったのである。次々と繰り出す軍歌のオンパレード。メドレーの途中で、何か気がついた。だれもかわりに出てこないのである。それに、うちの男連中が、いつの間にかいなくなっている。いったん席へ戻ると、校長が、

「北君、あれ、ここらのやーさんや。気づいたんでみんな逃がした。後は君と俺だけや。逃げよう。まず、小便しに行こう」

校長と二人で、しめし合わせて、そうっと便所に向かった。フロアーは二階で、そこにも便所があったが、一階へ下りて行き、そこの便所に入った。ともかく小便を出して、その後、そっとアルミサッシの窓を開けて、あたりをうかがってから外の路地へ降り、窓をそっとしめて、そっと路地を駅へ向かった。路地を出ると、一目散に駅へ走り、改札を入ると、ホームに駆け上がり、入ってきた電車に二人して飛び乗った。

「たすかった…」

へなへなと、二人して床へ座ってしまった。その後、京橋で飲まなくなったのは、

言うまでもない。思い出しても、ぞっとする。

運動会のこと

小学校で大事な行事は、言うまでもなく卒業式と運動会、入学式である。卒業式と入学式は、建前はともかく、対象児童が、限られる。しかし、運動会は、全校生参加の、学校最大の一大イベントである。しかも、学校のある地域ぐるみの行事になることが、多い。小学校が、地域の学校として起こった歴史性があり、「おらが学校」という、地域の人びとの思い入れもあるからである。そのため、小学校では、この行事は一般に秋の日曜日、ないし祝祭日に行われることが、多い。

運動会は、儀式的行事に比べて、最大の問題が、天気に左右されることにある。天候の具合によって、開催の可否を決断しなくてはならない。管理職の中には、運動会前夜から学校に泊まり込み、明け方運動場で大の字に寝て、その日の天気を、全身で感じて、決断する者もある。俺は、そんなことはできなかった。運動会や他の行事にかかわらず、台風の時等は仕方なしに泊まったが、運動会や修学旅行、林間学校等の行事の時は、いつも一番電車で出勤したのである。

前夜に星空の見える時は、運動会決行で問題がない。早朝から土砂降りの場合も、

中止とする決断が早い。問題は、開催の可否が決められないような、ややこしい天気
の時である。これは、一番悩ましい問題である。
二校目のある年の運動会のことである。その日は、前日からの雨が、朝にはともか
く上がった日であった。しかし、空模様は怪しい。黒い雲が流れ、雨がまた降り出す
かもしれない状況であった。こんな時の、運動会を開催するかしないかの判断は、非
常に難しい。天気予報は、何日も前からテレビ画面を見ているし、当日の早朝は、ま
だ暗いうちから空を見て、判断するのである。過去のデータも動員して、その上で開
催の有無を判断し、決断するのである。決断を迫られる管理職の辛さも味わったが、
ひら教員の時は、その点、気が楽であった。

なにせ、天気という自然現象に左右されるので、一応、いろんな状況に応じ、表に
ある演技種目の順番を変更できるようにしている。その場合、練習に相当な労力と時
間をつぎ込んだ団体演技だけは先にするようにしている。その後、状況に応じて、P
TA競技や卒業生などの参加する演技を割愛するとか、競走などは、その週の平日に
振り替えてやるとかするのである。

運動会は、一応、子ども中心の学校行事であり、体育的行事として、日ごろの体育
学習の発表会という側面があるのだから、何も日曜日にしなくてもよいわけである。
ウィーク・ディでもいいのだ。しかし、地域の一大行事という側面もある。

重複するが、小学校は、地域の思いが入り、地域の学校としての歴史的経緯もあるので、日曜日など休日にするのである。農村では、地域全体が、収穫の終わった秋の一日を、みんなで楽しむのである。弁当を広げ、酒やビールも大っぴらで、まるで秋の行楽のようにして、一日楽しむのである。その余韻は、農村がスプロール化しても、残っていた。それで、年寄りの中には、町内会あげての花見などの行楽も、「運動会」と称していたのである。子どもにとっても、いわば晴れ舞台である。一生懸命残暑の中で練習したことを、家族や地域の人に見てもらいたいわけである。教育的行事を超えた意味合いがあるのだ。

運動会と天気のことでの話が、横道にそれた。元の話にもどそう。この運動会の当日、俺に対して、校長からの依頼があった。朝一番の電車で出勤するなり、校長が、学校の来賓用に渡す寿司を作る店を見に行くように命じた。その寿司店は、出前専門で、近隣の学校に、行事のたびに来賓用の寿司の折り詰めを納入するのである。それで、残ったら大変なのである。そこで、夜の名残の午前三時ごろ、店の主人が、外に出て空を見て、寿司飯を炊くのかどうか、判断するのである。これが、きわめてよく当たる。生活がかかっていて、切実な問題であるからである。その寿司店に行き、寿司を作っているなら、その日は運動会ができるということである。なるほどと、納得できた。その後校長になった時も、その校区の、同じような寿司屋をうかがって、運動会開催の可否を決めたのである。

　ともかくも、店の状況から見て、寿司を作っていることが分かったので、帰校して、校長に報告した。すると、校長は、意外なことを依頼した。雲が流れ、昨夜に降った雨が水たまりを作っていた運動場では、教師やＰＴＡ役員や委員、六年生や五年生の子ども達が、総出で運動場の水たまりをなくそうと奮闘している。スポンジで運動場の水たまりの水を吸い取ったり、その後に赤土を入れたりするのである。元気印の俺も、急いで作業に参加しようとしたが、校長が、止めた。俺には、そんな作業はしなくてよいので、副会長の車にメガホンを持って乗り、校区中を走り、運動会を開催する旨触れ歩いてほしいとのことである。声がでかいし、よくとおるからというのが、その理由である。学校のスピーカーでやると、早朝から音が大きすぎて、夜勤明けの人もいたりして、文句の出る場合もあるし、中には聞こえにくいところもあるというのである。ちり紙交換みたいやなあと、思った。

　学校に帰りついた頃、開会式が始まろうとしていた。ともかくも開会式が始まった。あれこれ切り上げて、空模様と競争しながら、団体演技が続けられた。いよいよ、最終の種目である。六年生の組み立て体操である。どこの学校でも、六年生の種目は、運動会のオオトリであり、運動会の華なのである。最後まで、雨よ降らないでくれと、朝礼台の上で祈った。

はだしの子どもたちが、有終の美を飾るべく、入場行進を始めた。きちっとそろい、心持ちりりしい表情である。気が焦る。あんなにも練習したのに、子どもらが、かわいそうだ。今にも泣き出しそうな空模様。どうか、降らないでくれ。

しかし、無情にも祈りは通じず、演技をやっている最中に大粒の雨が降り出した。あと少しで演技もフィナーレ。基本隊形で全員気をつけの姿勢で、次の指示を待っている。全ての子どもの顔が、こちらを見ている。目が、やめたくないと、訴えている。どうするか、一瞬迷ったが、子ども達のためにも、ここでやめられない。朝礼台の上で、俺は決心した。

「やる」

下級生の子ども達は、先生方の指示で、ぞろぞろと、大急ぎで校舎へ入っていく。観客も、ばらばらと、みんな軒下に入ろうとする。しかし、校長と教頭、体育主任、担任する学年の教師達は、雨の中、気をつけの姿勢で立ったまま。ほとんどの六年生の保護者も、降りしきる雨の中で、子ども達の真剣な演技を見ている。校舎内に入ろうとしていた六年生の保護者も、元の席に戻りだした。俺は、校長を始めとする先生方や保護者の気迫、子ども達の熱意に押され、演技を続行した。俺もぼとぼと、子ども達もぼとぼと。そして、降りしきる雨の中、最後の隊形による最終演技が、終了した。

最後の長い笛を鳴らした。子ども達は、退場の列を作った。退場の曲が、雨中に響き渡り、晴れ晴れとした表情の子ども達は、堂々と駆け足行進をして、退場門に入っていった。それを見届けて、台上で礼をして、回れ右をして、朝礼台を降りた。すべて様式美の世界であった。大きな拍手が、響き渡った。子ども達を抱きしめたいくらいの思いだった。ものすごく感動していた。教師になってよかった。本当によかった。喜びを長くかみしめていた。

ある講演会でやってしまった論争

学校では、研修の一環として、講師を招聘して講演会を開く会がある。その年は、同じ中学校ブロックの小学校三校が合同で講師をお呼びして、研修会を持ったわけである。テーマは、女性の人権にかかわることであった。講師は女性であった。別に講師が男性であろうが女性であろうが問題にはしないが、その講演の趣旨にはどうしても納得がいかなかったのである。その講演の要旨をまとめると、こうなる。ヘンリック・イプセンの代表作の戯曲「人形の家」の中で弁護士ヘルメルの妻ノラが、実は夫は自分を人形のようにかわいがるだけで、一人前の人間として対等にみられていないことに気付き、ヘルメルの制止を振り切って家を出る。ノラは妻であり、母であることを拒否したのである。母である前に女でありたい。妻である前に、人間でありたいと、主張するのである。講師は、ノラの生き方こそ、理想の生き方というのである。

俺は、その考え方に真っ向から反対した。人間とは、単なるホモサピエンスではなく、母という人間であり、妻という人間であり、社会的な存在であると主張し、子どもへの責任を考えると、家出してはならないと主張した。そして、同じイプセンの戯曲「ペールギュント」を引き合いに出したのである。主人公、自由奔放なペールギュントが、世界中を飛び回る。妻のソルヴェーグが何年も何年も、荒野の中の家で、夫の帰りを信じる歌を歌いながら、ひたすら待ちわびるのである。死ぬ直前にペールギュントは、懐かしの我が家へ戻り、妻のソルヴェーグに子守唄を歌ってもらいながら、妻の膝の上で永眠するという筋である。

男のために、自分を犠牲にする女の生き方は、あってはならないというところでは、講師と同じである。しかし、子どもができたら、親としての責任があると言いあいした。なかなか白熱した議論であった。その議論の中で、ある女性教師が言った。

「女は、子どもができたら、母親でなくてはならない。母親になったら、女を捨てるべきだ」

難しい問題であった。しかし、司会者がどうまとめたのかということは、覚えていない。少なくとも、実り多い議論であったと思われた。

そんないろいろな思い出を作り、次の年、大阪府教育委員会の指導主事に転出した。管理職の要望を一杯聞いて、研究授業や研究発表、養護学級の担任など何でもやったのは、管理職を目ざしていたからだなと陰口を言う輩もいた。敢えて抗弁しなかった。どこにも俗人はいる。無視だ。まあ、指導主事時代のことはともかく、教育委員会を出た後の、後編の管理職の時代については、また次の機会に、お話ししたい。

おわりに

学校には、正門と通用門がある。正門は、学校の顔の役目をする。お客さんが入ってくるので、よく見えるように、庭も見せるためのものとなる。従って、校長も教頭も管理に注意を払い、いつもできるだけ見栄えをよくしようとするのが、当たり前になっている。そのため、校務員が実際には管理し、見栄えがよいように、植木の剪定や草抜きを怠らない。

一方、児童生徒が普段登校、下校する門が通用門であり、通称裏門と呼んでいることが多い。正門は、入学式や卒業式に、いわばお客さんとして送迎される晴れの日にくぐらせてもらうことが多い。この、裏門には、普段は閉めきったままの開かずの門もある。その門の辺りにある隙間のような土地に、裏庭と呼ばれる庭がある。

裏庭は、一般に外部の者の目には触れにくい場所にある。現在の鉄筋校舎は、三階建て以上が多く、建築法の関係で、隣接する土地に民家などがあれば、一定間隔を引いて建てられていることが多いため、陰地のような空き地ができる。そのような場所が、裏庭と考えられる。そのあいた土地を活かして、心有る教職員が手入れをし、耕し、四季の作物を植えたりすることがある。ほっておくと、雑草の繁茂する空間になるか、野良猫の住まいになるか、そのトイレになるおそれがある。ときには、ごみごみした、汚い状況になったりする。誰かがかまってくれる方が良いわけである。それだけに、かまう方は誰にも気遣いなく、自由にやりたいことができるという良さがある。誰も世話をしないと、その間隙の土地は、ただの空き地となるので、だれも口を挟まないことが当然のようになっている。まあ不文律というところであろうか。ここでは、世話する人の自由がある。喩えて言えば、正門付近にある前栽や表の庭は建前の世界であり、裏庭は、いわば本音の世界ともいえよう。

著者プロフィール

北 山人（きた さんじん）

昭和20年生まれ。
大阪府出身。
趣味は、小説を書くこと、小旅行、カラオケ、読書。
好きなことは、歴史探訪、歩くこと。
生まれたのは大阪の第二次大空襲直前、近所で生き残ったのは母と二人だけ。
父は直撃弾で焼死。
故郷はなく、名前は三回変わった。
著書『ひこばえの語り部』（2023年　文芸社）

学校の裏庭

2024年4月15日　初版第1刷発行

著　者　北 山人
発行者　瓜谷 綱延
発行所　株式会社文芸社
〒160-0022　東京都新宿区新宿1－10－1
電話　03-5369-3060（代表）
03-5369-2299（販売）

印　刷　株式会社文芸社
製本所　株式会社MOTOMURA

ISBN978-4-286-25256-8